JN074478

プーチンは何をしたかったのか？

寺谷弘壬 青山学院大学名誉教授
TERATANI Hiromi

アスコム

はじめに

いま、私は、はらわたが煮えくり返るほど怒っています。絶望的に悲しい思いでもいます。プーチン大統領のロシアが突如、隣国ウクライナへ理不尽に侵攻したからです。首都キーウ（ロシア語読みではキエフ）攻略で政権崩壊を図り、うまくいかないと、転戦して東部4州は俺のものという。行く先々の町や村で虐待や処刑を繰り返す。病院も学校も住宅も見境なしにミサイルを撃ち込む。なお抵抗が続けば、エネルギー施設を狙って破壊し、厳冬を悪用して人びとを苦しめる。21世紀も4分の1が経過しようという現代に、**〝兄弟〟〝一つの民族〟とうそぶきながらウクライナ全土を戦場と化す無法が、許されるはずもありません。**

いったい全体プーチンは何を考えているのでしょうか。

みなさんも2022年2月24日以来、この疑問をずっと抱き続けているでしょう。すでに1年以上の時間が経過しました。

私は18歳でロシア語を勉強してから60年以上ソ連やロシアを研究し、アメリカ、ロシアといったさまざまな大学や研究所で教えてきました。米プリンストン大学の大学院にフルブライト全額支給生として留学し、そのロシア研究所に在籍し、ソ連のモスクワ大学に短期留学もしました。ソ連とロシアに関する本を70冊以上書き、ロシア語や英語から翻訳した本も20冊以上に上ります。ソ連とロシアを、いったい何十回訪れたでしょうか。

ですから私は、ソ連もロシアも、そこに住む人びとや文化のことも熟知しています。ダメなところは少なからずありますが、60年ずっと愛し、気にかけてきたのです。

ゴルバチョフ大統領とは数回話しました。エリツィン大統領とは浅草の料亭で一夜をともに飲んだこともあります。日本酒を1升は飲まれたあとに、「これは水だ！」とどなられたこともあります。

プーチンとは出会ったことはありません。**彼が大統領になったとき「人権を守る」「民主主義を維持する」と宣誓しながら、ムチャクチャなことをやりはじめ、ついにウクライナ侵攻までやってのけたのです。**面識こそありませんが、**本書では日本ではほとんど知ら**

れていない情報も入れ込んで、精魂込めてプーチンを書いたつもりです。

Ｑ＆Ａ形式にして、プーチンのさまざまな疑問に端的に答える、わかりやすいコンパクトな本が完成したと自負しております。

ウクライナやロシアに関心を寄せ、その現状を憂えるみなさんに、いささかでも参考になれば、筆者としてこれほどうれしいことはありません。

２０２３年　３月　寺谷弘壬

第2章
プーチンとは、いったい何者なのか？
――スパイを夢見た少年時代、若き日の挫折、そして一大転機で権力者へ

第3章 どうやってロシア大統領になったのか？
——最高権力者まで上り詰めた疾風怒濤の4年間

第4章 権力者となったプーチンをとりまく人々
―政治を動かすオリガルヒ、愛すべき家族や親族

第5章

プーチンが築きあげた〝盗人支配〟と〝監視〟のシステムとは？

——クレプトクラットが盗み、シロヴィキが見張る

第6章
プーチンの支配はいつまで続き、どう倒れるのか？
――プーチンの哀れな末路と、ロシア再生への道

第1章

プーチンは、何をしたかったのか？

――なぜクリミア併合、ウクライナ侵攻へ至ったか

Q1 プーチンはなぜ、ウクライナに侵攻したのか？

――2022年2月24日、プーチン大統領の命令一下、ロシア軍は突如としてウクライナに侵攻。首都キーウを目指しました。プーチンの意図は何だったのでしょうか？

A

プーチンは、ウクライナの首都キーウをごく短期間で陥落させ、ゼレンスキー政権を崩壊させて親ロシア政権を樹立することを狙ったのです。

ロシアは21年からウクライナ国境沿いに軍事力を増強していました。ベラルーシ軍と大規模な合同演習を繰り返し、兵士は引き揚げるが、車両や重装備をその場に残して物資を集積させていったのです。最初は文句をいっていたベラルーシのルカシェンコ大統領も、黙って支援するようになりました。

22年2月22日未明、ロシア自民党総裁ジリノフスキー（22年4月、新型コロナで死去）が議会で「ウクライナを攻撃」と発表。西側もロシアの侵攻必至と報道しはじめました。22年1月末、ロシア軍が輸血用血液を含む医療物資を国境近くに移動と米当局が明かし、情勢はいっそう緊迫。

ロシア側は、ウクライナ東部の親ロシア派地域で70万人にパスポートを発給して〝自国民保護〟の対象者を増やし、さらに21日、親ロ派が樹立していたドネツク・ルハンスク両人民共和国の独立を承認。軍事侵攻の直接の〝口実〟となる事実を積み重ねたうえで、**「ウクライナがネオナチに支配されたので、迫害されたロシア少数民族を救出するために、『特別軍事作戦』を展開する」と奇妙な論理を掲げ、2月24日未明から開戦に踏み切った**のです。

プーチンは当初、「戦闘はすぐに終わる」と考えていました。ゼレンスキー・ウクライナ大統領が死ぬか、亡命するか、あるいは逮捕されるか――いずれにせよ、政権の崩壊まで数日。長引いても2週間もたたずに片がつく、となめきっていました。

後釜のウクライナ大統領も決めていました。14年ウクライナ騒乱時の大統領でロシアへ亡命したヤヌコーヴィチでもよいし（28ページ参照）、ウクライナの富豪政治家でクチマ大統領時代の02～05年に大統領府長官だったメドヴェドチュクでもよい（彼の末娘の名付け親はプーチンです。メドヴェドチュクは22年4月反逆罪で逮捕され9月、ウクライナ人であるにもかかわらず、両国間の捕虜交換でロシアへ身柄が引き渡されました）。

ところが、**プーチンの思惑どおりには、事態は進みませんでした。**ここでは軍事面の詳細には立ち入りませんが、プーチンの誤算は次のようなことが原因だったのでしょう。

首都攻略部隊が雪解けの泥濘《ぬかるみ》に足を取られ、2月末からキーウ北25キロ付近で停滞。一本道の車列は長さ60キロに達しました。ロシア語のラスプゥティツァは、泥濘期や泥濘んだ悪路を指す言葉。この**〝泥将軍〟に阻まれた**のです。**演習と告げられていたし、戦闘目的すらはっきりしないロシア兵の士気の低さ**も、停滞に拍車をかけました。

ウクライナ側は大善戦しました。理不尽な侵略に立ち上がった志願兵や市民が多く、地の利を生かして手づくり火炎瓶などで応戦。ソ連時代のシェルターも抵抗力を増したでしょう。

米軍による訓練、以前から提供していた携行式地対空ミサイル・対戦車ミサイルなども功を奏しました。

第二次世界大戦時、ソ連軍はウクライナ方面でドイツ軍とさかんに戦いました。ハリコ

ロシア
エストニア
●モスクワ
ラトビア
リトアニア
ベラルーシ
ポーランド
ドイツ
●キーウ
チェコ
ウクライナ
スロバキア
カザフスタン
フランス
ハンガリー
モルドバ
ルーマニア
黒海
ジョージア
トルコ

ウクライナの主な都市

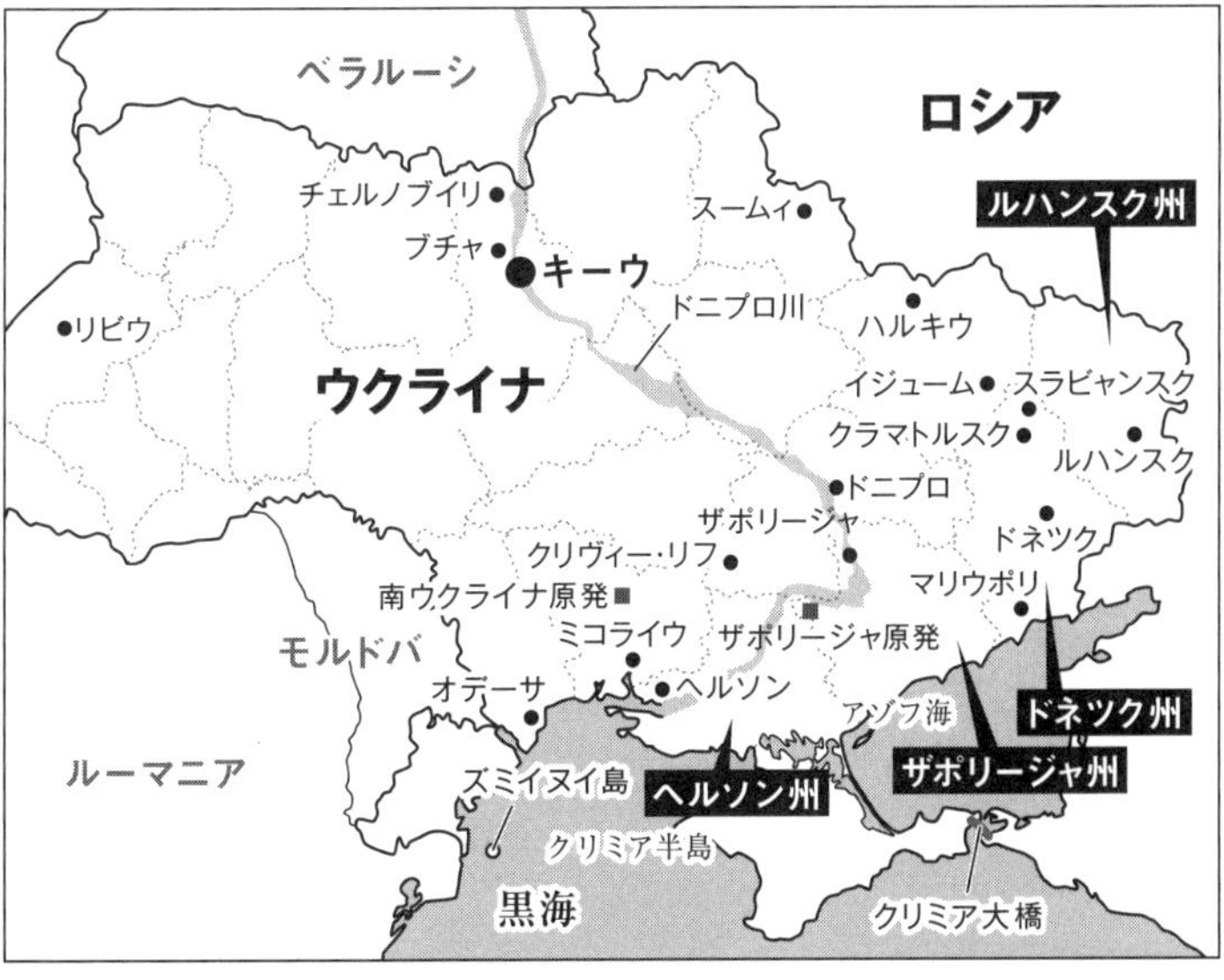
ベラルーシ
ロシア
チェルノブイリ
ルハンスク州
スームィ
ブチャ
キーウ
ドニプロ川
ハルキウ
リビウ
ウクライナ
イジューム
スラビャンスク
クラマトルスク
ルハンスク
ドニプロ
ザポリージャ
ドネツク
クリヴィー・リフ
マリウポリ
南ウクライナ原発
ミコライウ
ザポリージャ原発
モルドバ
オデーサ
ヘルソン
アゾフ海
ドネツク州
ザポリージャ州
ルーマニア
ズミイヌイ島
ヘルソン州
クリミア半島
黒海
クリミア大橋

フ攻防戦などの経緯を見ると、3月の雪解けで戦闘が停止し、5月に再開されています。戦史をひもとけば、**2月下旬のキーウ攻略作戦は無謀とわかりそうなもの**です。**ロシア軍幹部はウクライナ政権打倒をはやるプーチンに、異議申し立てできなかったの**でしょう。

結局、キーウ攻略に失敗したロシア軍は、22年4～5月にキーウ方面から撤退し、北にいた部隊を南部・東部に転じました。その後の経緯については第6章に譲ります。

Q2 西側は財政支援・武器供与・経済制裁くらいしかできないのか？

――直接的な軍事介入をしない以上、アメリカやNATO（北大西洋条約機構）をはじめ西側諸国にできることは、ごく限られますね？

A

そうです。**「第三次世界戦争になりかねない」**ので、**ロシアと直接戦わないことを大前提としてできることは、第1に、ウクライナに対する財政的・防衛的な支援**です。

「防衛的」とは、戦闘機・巡航ミサイル・戦車といった足の長い高性能な攻撃兵器ではない、短射程でウクライナ軍歩兵が扱いやすい対戦車ミサイル・携帯対空ミサイル・ロケット砲・装甲車・無人偵察機（ドローン）などの防衛兵器――ロシア軍を追い出すことはできても、ロシア領土を奥深く攻めることのできない兵器を供与することです。

アメリカは22年3月に総額136億ドル、5月に400億ドル規模のウクライナ支援法案を成立させ、11月までの10か月に650億ドル（約8兆5700億円）の支援を決めました（BBC報道による）。これは、ウクライナ政府への直接的な財政支援、兵器・弾薬供与、食糧・医療その他人道支援、NATOなど周辺国への米軍派遣などを含み、配備までに2～3年以上かかる防衛システムも含まれています。

第2に、**対ロシア経済制裁**です。これは**①貿易でエネルギー・戦略物資・高級品などの禁輸、最恵国待遇の停止（関税引き上げ）。②金融でSWIFT《スウィフト》（国際銀行間通信システム）からの遮断、銀行資産の凍結、ロシア国債や株式の取引禁止。③個人やその企業への制裁（政府関係者・政治家・影響力が大きい富豪らの家族・企業を含む入国禁止・資産凍結・差し**

押さえ）。④石油・ガスの西側輸入禁止か大幅な削減など、です。

14年のクリミア併合時よりはるかに大規模で強力な制裁で、各国企業も続々ロシアからの撤退や取引停止を決めています。

トラス英外相（のち一時首相）は「オリガルヒとクレプトクラットは、私たちの社会や経済と無関係。プーチンとの近い繋がりで侵略の共犯となるのです」と述べました。イエレン米財務長官も「ロシア経済はますます孤立化」「制裁に漏れがないかなど引き続き対処し、戦争を支援するロシアのエリート層の責任を追及することにコミットしている」と強調します。

オリガルヒは「新興財閥」、クレプトクラットは「国民や国のカネで私腹を肥やす権力層、盗人《ぬすっと》政治家」のこと。**ごく少数の彼らに莫大な富が集中するロシアでは、③の個人への制裁がかなり有効だ**と考えられ、非常に厳しいものになっています。

本書を読み進めていけば、**日本でほとんど語られたことのない、ロシアにおけるオリガ**

ルヒ・クレプトクラットの驚くべき実態、さらにはプーチンの支配体制がまさにクレプトクラシー（盗人統治）そのものであることが、よくわかっていただけるはずです。

Q3

ロシアは経済制裁にしぶとく持ちこたえているが、実際どうなのか？

――対ロシア経済制裁に加わっているのは欧米・日本・オーストラリアなど西側だけ。制裁の限界については、いかがですか？

A

中国やインドはじめアジア・アフリカ・南米は、制裁に不参加です。中国やインドは石油・ガス・石炭などのエネルギーをロシアから輸入しています。北朝鮮に至っては、弾薬からミサイルまで送るなど、ロシアを積極的に支援しています。NATO加盟国ながら、オルバーン政権が反欧米・独裁色を強めるハンガリー、コソボ紛争で欧米と対立したセルビアも親ロ路線でロシアと取引きしています。

そもそもEU（欧州連合）は、これまで全消費エネルギーの4分の1をロシアから輸入していました。とくに依存度が高い**EU最大の国ドイツは、全消費エネルギーの2分の1以上で、ただちにエネルギー全面禁輸には踏み切れず、段階的に減らしていくというのです。資源に乏しく天然ガスの8・8％（21年）をロシアに依存する日本も同様**です。

ですから、**侵攻直後に西側から出た「ロシア国債は、22年夏前にもデフォルトに陥る」といった楽観的な予測は、大きくはずれ**ました。

ロシア経済はしぶとく持ちこたえ、4月にはプーチンが「西側の経済封鎖は失敗した」と胸を張ったほどです。その後も「制裁には14年段階から対抗措置を準備してきた。ロシアへの経済電撃戦は最初から暗雲がたれ込めていた」「ルーブルは持ち直し、インフレ傾向も緩まり、失業率も安定しはじめた。バカげた制裁だ」と強気なのです。

しかし、**西側の制裁が一段と強化されて、ロシア経済は悪化。さまざまな最先端技術や製品が入ってこなくなった**ことはたしかです。高度な兵器や情報機器に必要な半導体の不足が各方面に影響しており、ロシア自体もエレクトロニクス産業の遅れを認識しています。

戦争の長期化とともに、ロシア国内では外国製品を中心に物不足が広がっています。なにしろ輸入量が、制裁する国とは平均60％、制裁しない国でも40％も減少したのです。

ロシアは軍事費も膨張する一方です。22年の当初予算490億ドルはウクライナ侵攻で660億ドル近くまで膨らみ、23年予算でも700億ドルが見込まれています。

国家支出のじつに3割以上が国防関連費（軍事費のほか諜報・テロ対策・国境警備・警察など国内治安維持費を含む）なのです。これはGDP（国内総生産）の8％規模。道路・建設・農業・研究開発といった分野が前年比で2割以上減らされ、国民生活への圧迫がきわめて厳しくなっています。

経済制裁は〝諸刃《もろは》の剣《つるぎ》〟。相手を斬ろうとすれば、自分をも傷つけます。バイデン米大統領が22年3月の一般教書演説で述べたとおり、「制裁には痛みがともなう」のです。痛みとは各国のインフレ加速で、とくにエネルギー事情は厳しくなっています。

しかしながら、6月にドイツで開かれたG7サミット（先進7か国首脳会議）で、日本の岸田文雄首相が強調したように、「物価高騰は単なる経済の問題ではなく、世界の平和秩序の枠組みに突きつけられた挑戦」です。**世界は平和秩序を守るか失うか、その歴史的な分岐点にある**、と私は思います。

Q4 クリミア併合で「不凍港」をおさえたことは、今回の侵攻と関係がある？

――プーチンのロシアは14年にクリミアを併合し、8年間実効支配してきました。22年の軍事侵攻は、それに引き続く動きですね。どう見ればよいでしょう？

A

プーチンやロシアの、ウクライナやクリミアへの〝執着〟を知るには、歴史を振り返る必要があります。まずウクライナですが、ルーツは9世紀に成立した東スラブ国（キエフ大公国、ルーシ、キエフ・ルーシともいい、首都は現キーウ）です。

この国は10～11世紀ごろヨーロッパで最大最強だった国の一つで、ウクライナ・ベラルーシ・ロシアはその文化を受け継ぎました。しかし13世紀、モンゴルに征服されて崩壊。

その後ウクライナの地は、リトアニア大公国やポーランド王国に占領され、両国の連合の支配をへて18世紀後半、エカテリーナ2世の帝政ロシアが併合しました。

クリミア半島とウクライナ南部は、15世紀半ばからクリミア・タタール人の住むクリミア・ハン国でしたが、エカテリーナ2世は1783年これも併合。半島南端にギリシャ語で「神聖な街」を意味するセヴァストーポリが建設され、アレクサンドル1世時代の1804年に軍港が完成。以後、帝政ロシア黒海艦隊の根拠地になったのです。

ロシアは世界一広い国ですが、大陸の北に偏った国土は、海があまり使えません。黒海や日本海の沿岸、ムルマンスク（北極圏だが暖流が影響）、カリーニングラード（バルト海に面する飛び地）などを除けば、**多くの港湾が冬に凍りついてしまい**ます。ですから、**冬でも使える〝不凍港〟の獲得が歴史的な宿願であり、国家的な悲願**でした。

ところが19世紀半ば、オスマン・トルコと仏英伊（当時はサルデーニャ王国）が、南下を目論むロシアと激突。看護師ナイチンゲールの活動で知られるクリミア戦争に負けたロシアは、黒海の非軍事化を余儀なくされました。地中海へ出る不凍港の希望が断たれてしまい、セヴァストーポリは一時、商業港としてしか使えませんでした。ロシアが黒海の再軍事化に励んで軍港を復活させたのは、1870年以降です。

1917年ロシア革命後のクリミアは、赤軍に追われてウクライナに逃れた白軍（反革命軍）の最後の牙城でしたが、21年にソ連邦を構成するロシア社会主義共和国の一部となりました（当初は自治共和国、45年からクリミア州）。

ロシア人でも知らない人は少なくないようですが、54年にはソ連のフルシチョフ第一書記が「第二次大戦の貢献とウクライナ併合300周年」を記念して、ソ連邦を構成するウクライナ社会主義共和国へクリミア半島を譲渡しています。

89年に米ソ首脳が東西冷戦の終結を宣言してソ連崩壊が目前に迫ると、**ウクライナは91年8月に独立を宣言。12月のソ連解体を受けて92年1月に独立国**となりました。

クリミアは、54年までの約500年間、最初はクリミア・ハン国、次に帝政ロシア、続いてソ連の支配下にあり、ウクライナ領土になって70年もたっていないわけです。

南下政策に必須の不凍軍港セヴァストーポリについて、ロシアが毎年ウクライナと使用料交渉をしなければならなくなったのは大きな屈辱です。97年には、毎年９３００万ドル（約１３０億円）を払って17年まで20年借り続けることで、合意しています。

その期限が迫るとプーチンは、焦りました。カネの問題はおくとしても、**ウクライナがロシアから離れ、セヴァストーポリをＮＡＴＯ諸国が使うようにでもなれば、安全保障上の重大危機に直面する**という危機感です。実際、あとでお話しするように、ウクライナでは政治腐敗や政情不安の中で、反ロシア感情も広がりました。

プーチンは14年2月、セヴァストーポリを訪問した直後に緊急の安全保障会議を開き、唐突に「クリミアとセヴァストーポリ市を取り返さなければならない」と叫びました。

2月22日、覆面黒ずくめの武装集団――じつはロシア軍が突如として侵攻し、ウクライナ軍を追い出して市庁舎や議会を占拠。3月16日にはこれまた突然クリミア独立を問う住民投票が実施され、17日に「クリミア共和国」が発足。18日にはロシアへの帰属が決定しました。**プーチンは、ウクライナという隣国の一部、それも日本の九州より小さいが四国**

よりは大きな半島を、戦争もせずに無血で〝かっぱらって〟しまいました。

当時のクリミアは人口220万人ですが、ソ連首相スターリンの移住奨励から増えたロシア人が150万人。ウクライナ人は35万人。18世紀後半まで多数派だったクリミア・タタール人は、スターリンが44年に〝ナチスへの協力〟を理由に中央アジア・ウラル・シベリアなどへ追放または殺害してしまい、30万人にすぎませんでした。住民投票の結果は明らかだったのです。こう見ると、クリミアは、住民や外国の圧力もなく、いとも簡単に、手に入ったのです。

Q5

プーチンがウクライナを「攻めどき」と考えたのはなぜか？

――クリミア半島を喉から手が出るほどほしかったロシア側の発想は、わかりました。対してウクライナは、何をやっていたのでしょう？

A

ウクライナという国は、ソ連崩壊の過程で、反ロシアと親ロシアの間で大きく揺れ動いてきました。

90年7月に出した主権宣言では、「核兵器を受け入れない、つくらない、手に入れない」との〝非核三原則〟を謳い、ソ連の核からの離脱を鮮明にしています。

背景には、86年4月のチェルノブイリ原発事故もありました。原発の場所はキーウ北約110キロ。事故で全土の8％が汚染され、被曝者340万人、強制移住が数十万人、事故処理従事者数万人が死亡、などとされています。ロシアはこの事故をアヴァリア（ロシア語でちょっとした事故）と言い張りました。

世界史上で非核三原則を掲げた国は、日本を除けばウクライナだけです。実際、ウクライナにあった核兵器は、96年までにすべてロシアに移されています。

04年11月には「オレンジ革命」（オレンジは野党側のシンボルカラー）が勃発しました。これは、東部を地盤とする02年から首相の親ロシア派ヤヌコーヴィチが当選した大統領選挙で、大規模な不正があった、と人びとが猛抗議した民主化運動です。再選挙の結果、親米・親欧派のユシチェンコが大統領に就任。彼は「クリミア半島のロシアへの貸与を17年で打ち切る」という法案作成を急ぎ、EUやNATOへの加盟も真剣に考えていました。

ところが、10年の大統領選挙では、06年から首相だったヤヌコーヴィチが雪辱。ロシアは親ロ政権の誕生で、ほっと安堵《あんど》しました。**ロシア海軍の拠点セヴァストーポリ軍港については、ロシアが42年まで使い続けること、ロシアが租借料9800万ドルを19年から支払うことで、両国は合意**しています。

50年生まれの**ヤヌコーヴィチは**、17歳のとき暴力団に属して詐欺や強盗を働き、懲役3年を食らっています。2回首相を務め、公金を横領したり、プーチンから高額な賄賂をもらって宮殿のような豪邸を建てたりと、**ウクライナの政治腐敗を象徴する人物**です。**経済の混乱が続いて成長が停滞し、生活に苦しむウクライナ市民は、なおもロシアにすり寄って経済を立て直そうとする汚職政治に、怒りの声を上げました。**

13年11月、ウクライナ政府がEU加盟プロセスの停止を発表すると、首都キーウにある独立広場に野党支持者らが集まって抗議。当初2000人ほどとされた参加者は、やがて数万人に膨れ上がり、全国各都市にも波及しました。

14年が明けると、警察と抗議側の衝突が激化し二ケタの死者が発生。2月下旬に事実上の国家非常事態に突入し、22日にはヤヌコーヴィチ大統領が家族とともにキーウを脱出。セヴァストーポリを経由して船でロシアへ亡命しました。

ヤヌコーヴィチのその後を見ておきましょう。彼はロシアで「ウクライナに帰りたい」とつぶやいていたそうですが、母国では19年の欠席裁判で国家反逆罪などによって禁錮13年の判決が出ており、帰国は無理（22年5月には、セヴァストーポリ駐留期間の延長でロシアと合意したことが反逆罪に当たるとして、逮捕状が出ています）。

15年3月には、**ヤヌコーヴィチの次男が**シベリアのバイカル湖で**水死**。その後、**彼の側近や秘書が次々と自殺**したり、**射殺**されたりしました。22年2月のロシアによるウクライナ侵攻後も、**ヤヌコーヴィチと近しかった知事や市長など10人近くが死亡**しています。はたして偶然でしょうか。

14年の民主化運動は「マイダン革命」（マイダンはウクライナ語で「広場」）と呼ばれています。04年オレンジ革命当時は、前年にグルジア（ジョージア）で「バラ革命」が、05年にはキルギスタンで「チューリップ革命」が起こるなど、ロシア周辺諸国で反ロシアのうねりが起こりました。同じような反ロシアの動きが本格化したわけです。

オレンジ革命は「ロシアを取るか、ヨーロッパを取るか」の二者択一でした。10年後のマイダン革命は、政治の腐敗、脱税や贈収賄など汚職の横行、権力乱用や人権侵害を許さないという主張が加わりました。この点で「尊厳の革命」とも呼ばれています。

こうして反政府側は、ヤヌコーヴィチ政権の崩壊、04年時点の憲法復活、ウクライナ語を唯一の公用語とする決定、旧首脳らの訴追といった成果を得て、勝利しました。

ところが、これはロシアの**プーチンにとって**は〝渡りに船〟――それこそ**〝千載一遇の大チャンス**でした。**ヤヌコーヴィチの失脚で、セヴァストーポリ貸与の打ち切り、ＥＵ**

やNATO加盟のおそれが大きくなったが、ウクライナは依然として混乱状態にあるので、クリミアを手に入れるにはいましかない、とプーチンは思い定めたのでしょう。

クリミアと同時に、親ロシア勢力が強いウクライナ東部ドンバス地方への進出も狙い、親ロシア・反政府派を物資面でも軍事的にも支援し、内戦状態に持ち込んだのです。

Q6

プーチンの「キエフ大公国はウクライナでなくてロシアのルーツ」という発想が侵攻の原因に？

――クリミアに満足せず、次はウクライナ本土。しかもロシアに隣接する東部や南部ならまだしも、首都陥落や政権崩壊を狙うとは、プーチンは飛躍しすぎなのでは？

A

いえ、**クリミア・ウクライナに対するプーチンの〝執着〟には、ある意味で一貫性がある**、といえるでしょう。

クリミア併合のところで（24ページ参照）、ウクライナのルーツは東スラヴの国とお話ししました。これは、ウクライナ側からすればキーウ中心の国です。

一方、**プーチンやロシア側からすれば、キエフ大公の子でノヴゴロド公でもあったウラジーミル1世が、兄弟の跡目争いを制してキエフ大公となり、988年にギリシャ正教に改宗して、ロシア・ベラルーシ・ウクライナ一帯に最大版図《はんと》（最大の領域）を築いた大国。**

プーチンからすれば、これがロシアのルーツです。『ロシア年代記』にあるように、500年前後に建設された最古の都市「キエフはロシア諸都市の母」にすぎないのです。

プーチンは21年7月発表の論文で「ロシア人とウクライナ人は〝兄弟〟であり〝一つの民族〟だ」と強調しています。このプーチンの呼びかけに、ウクライナのゼレンスキーは「ロシア人とウクライナ人が一つの民族、兄弟ならば、それは旧約聖書にあるカインとアベルと類似の物語だ」と反論したのでした。聖書では、アダムとイヴがエデンの園を追われた後に兄弟が生まれ、やがて兄カインが妬《ねた》みから弟アベルを殺してしまいます。

伝説時代の論争はさておき、プーチンはクリミア併合後の16年、モスクワ中心部にウラジーミル1世の巨像を建立《こんりゅう》。ギリシャ正教のキリル総主教とともに除幕式を挙行しました。

ウラジーミル大公像は、じつは大公が洗礼を受けたキーウの丘の上にも建っており、こちらは１８５３年以来ずっとドニエプル川を見下ろしています。

いずれにせよ**プーチンは、「ウラジーミル１世はモスクワを中心にロシア語をしゃべっていたはずだ。その崇敬すべき大公が築いたスラブ民族の基幹たるロシア・ベラルーシ・ウクライナを一つにまとめなければならない」という思いに駆られた**のでしょう。

つい30年ほど前まで続いたソ連邦時代は、その3国どころか、バルト三国、中央アジア諸国、さらに東欧諸国までもモスクワが引き連れる壮大な夢があったわけですから。

Q7

なぜウクライナは政治腐敗が止《や》まず、衰退の一途をたどったのか？

――ソ連から離れたウクライナは、経済の低迷からずっと抜け出せず、政治的な混乱も続きました。脇が甘すぎたからクリミアをロシアに奪われ、挙げ句の果てに侵攻を許したのではないか、という印象を受けます。どうでしょう？

A

その側面がある、と私も思います。もちろん**非難されるべきは、武力侵攻で領土や国境を勝手に変更したロシアです。**だらしない浪費家で戸締まりもしていないからといって、強盗に入ったり敷地の一部を奪ったりして許されるはずはありませんから。しかし、**ウクライナ指導者層は国民に対して、国家経営に失敗した大きな責任はあります。**

独立後の経済改革に失敗したウクライナは、一人あたりGDPがロシアの半分にも届きませんでした。21年のウクライナ4835ドルは、ロシア1万2194ドルの40％にすぎないのです。人口も94年の5200万人をピークに激減しています。

そんな**衰退国家・失敗国家ウクライナが、今日までなんとか維持できたのは、歴代政権がロシアと欧米を天秤にかけ、互いに競わせながら援助を引き出して、その場しのぎの国家経営を続けてきたから**です。

政治的な腐敗もずっと続きました。腐敗政治家は、マイダン革命で国を追われたヤヌコーヴィチだけではないのです。ウクライナの汚職体質、いや汚職の構造は、ロシアと一体化していました。のちに詳しくお話しするように、ロシアにはマフィアやオリガルヒが蔓延《まんえん》していましたが、ウクライナは「いや、わが国は違う」とは全然いえない状態でした。

マイダン革命のとき服役中で、市民たちが救出した**ユリヤ・ティモシェンコという政治家**がいます。04年オレンジ革命のとき〝ジャンヌ・ダルク〟と誉めそやされた女性です。彼女はユシチェンコ大統領に頼み込んで、首相に抜擢《ばってき》されました。ところが05年9月、自分が社長をしていた石油販売会社の債務を政府に肩代わりさせようとして、首相を解任されてしまいました。07年には首相に返り咲きますが、翌08年にまた大統領と対立し、「ユシチェンコはグルジアに武器を提供していた」と暴露しています（10年3月まで首相）。彼女はその後も大統領になりたい一心で、10年、14年、19年と大統領選に3回も出馬しています。そのたびに革新についたり、保守についたり、反ロシア派についたり、親ロシア派についたりを繰り返した、**汚職まみれの変節政治家**です。21世紀に入って今日までのウクライナの政治的な混乱には、ティモシェンコの責任が少なからずあります。

60年生まれのティモシェンコは、違法コピーのビデオ・レンタルチェーンで80年代末に大儲け。その後、石油販売会社の役員をへてウクライナ統一エネルギーシステム社長となり、ロシアから天然ガスを輸入して〝ガスの女王〟と呼ばれるようになったオリガルヒです。01年に文書偽造・天然ガス密輸入容疑でウクライナ警察に逮捕され（嫌疑不十分で数週間後に釈放）、ヤヌコーヴィチ政権下の11年にも脱税・密輸入容疑で逮捕されています。ロシア官憲からもガスの不正取引で指名手配されていますが、救ってくれたのが、ウクライナ出身でモスクワ中心地の豪邸に住むロシア・マフィアの大親分マギーレヴィチです。

ロシアがウクライナに侵攻した22年2月24日、ティモシェンコはキーウにいました。ロシア軍の攻撃が始まると大統領官邸に逃げ込んで、こう叫んだといいます。

「冷血で醜い悪魔がロシア史を、ピョートル大帝とスターリンとを道連れに、引きずりおろそうとしている！」

ゼレンスキーの前に大統領だったポロシェンコも、菓子メーカー「ロシェン」のオーナーで〝チョコレート王〟と呼ばれていたオリガルヒです。砂糖の密輸入・脱税で起訴されたこともあり、ゼレンスキー政権下でも数々の不正が浮上して、いくつかのケースは当局が捜査中の模様。ウクライナ侵攻直後には米CNNに登場し、「プーチンを信じるな。ロシアを信じるな。プーチンは戦争犯罪者。クレージーで危険」などと話していました。

ウクライナでは08年ごろ、せいぜい数十人のオリガルヒで、GDPのじつに85％を独占していました。クリミア併合直前の13年には45％になり、その後は資産を西側に移して隠したのか、大幅に減少しました。

NATOに入りたいというウクライナの希望は、どろどろした国内状況が続き、民主主

義体制の確立・経済の透明性・汚職の払拭といった加盟条件を満たしていないとして、NATO理事会が突っぱね、先延ばしになりました。ロシアをあまり刺激してはまずいとの配慮もありましたが、**ウクライナ側の〝自己責任〟という側面が大きかった**のです。

Q8
ウクライナが核を放棄した理由は？
——正規軍が覆面の武装集団にクリミアから追い出されるなんて、ウクライナがまともな国だったとは、到底いえないのではありませんか？

A

ロシア軍がクリミアに入ってきた14年2月時点で、公式には兵力12万5000人とされていたウクライナ軍のうち、使い物になったのは5000人程度にすぎなかった、と軍部高官が認めています。**ウクライナは、国内政争に明け暮れ、非核保有国として最低限の基本的な軍事力を備える努力を怠っていた**のです。

ソ連崩壊でウクライナは〝自動的に〟米ロに次ぐ世界第3位の核兵器保有国となりま

した。ソ連が独占的に管理・運用していましたが、国内に多数あったのです（核弾頭1240発、運搬手段のミサイルSS-19が130基・SS-24が46基、戦略爆撃機46機）。

しかし、**チェルノブイリ原発事故の悲惨な経験から〝核アレルギー〟が強烈だったウクライナは、これを放棄**しました。「ロシアの脅威に対抗する経済力も軍事力もないから、当面は核兵器を保持すべき」という声はあったものの、ロシアはもちろん、アメリカをはじめとする国際社会も核拡散を許しません。また、核兵器が置いてあっても管理・運用技術はないし、核兵器を守るために必要な高度な軍事力もありません。

ウクライナが核を放棄しなければ、クリミアにせよウクライナ本土にせよ、ロシアがこうも簡単に侵攻できなかったことは確実です。でも、それにはウクライナが北朝鮮のように孤立するしかない。しょせん核保有は〝絵に描いたもち〟にすぎなかったわけです。

米英ロの核保有3か国は94年12月、「ブダペスト覚書」に署名し、核不拡散条約に加盟したウクライナ・ベラルーシ・カザフスタンの領土保全や他国の武力行使に対する安全保障を約束しました。その直後、ウクライナのクチマ大統領と会見したミッテラン仏大統領は「あなたたちはだまされるだろう」とつぶやいたといいます。この言葉どおり、14年のロシアによるクリミア併合で、覚書の約束は反故《ほご》にされてしまいました。

Q9 米欧の生ぬるい対応が、プーチンを図に乗らせたのか？

――クリミアを併合したロシアに対する対応は、欧米も日本も鈍かった。だからウクライナ侵攻を許してしまった、という側面は？

A

08年4月のNATO首脳会議は、すでに触れたようにウクライナの加盟を棚上げとし、30年ごろの加盟を想定していました。なんとものんびりした対応です。

09年にはロシアで、**税務弁護士セルゲイ・マグニツキーの獄死事件**が起こっています。マグニツキーはウクライナ生まれのロシア人で、投資会社エルミタージュ・キャピタルの主任弁護士。2億3000万ドル（約300億円）もの国有財産がロシア税務当局の職員らに盗み取られたとして08年に告発したのですが、逆に1500万ドルの詐欺の共犯として逮捕され、獄につながれました。刑務所で拷問され虐待された挙げ句、殴り殺された、とされています。

この事件は、ロシアの国を挙げてのクレプトクラシー（盗人統治）体制の悲惨な現実を垣間見せました。アメリカでは、オバマ政権がやや消極的でしたが、議会が超党派で事件を重く受け止め、12年にマグニッツキー法を制定。マグニッツキー殺害に責任のあるロシア政府関係者を処罰するとともに、ロシアとの貿易をより正常化するために、13年には関係者18人のビザ発給禁止や資産凍結などをおこない、そしてさらに制裁リストを追加しています。

16年には「グローバル・マグニッツキー人権説明責任法」が成立。これは「世界のあらゆる場所で、人権侵害に関わった個人や組織を特定し、アメリカにおける資産を凍結し、アメリカへの入国を禁止する権限を米政府に与える」というもの。トランプ政権下の17年12月に、最初の13人の制裁リストが発表されています。

今回のウクライナ侵攻の個人制裁と大いに関わりのある内容で、欧州などが同じような法律を制定する先駆けにもなった、画期的な法律です。もっとも、最初の発動はクリミア併合から4年近く経過していましたから、遅きに失した手続きというべきでしょう。

同様の法律は、イギリス、カナダ、ほとんどのEU諸国など34か国が制定しています。南アフリカは「ロシアと取引がある」と拒否しました。日本はいまだに検討中です。

マグニツキーを雇っていたアメリカの投資家ブラウダーは、ロシアの石油・ガス企業や銀行に投資し、96年から10年間で45億ドルも荒稼ぎした人物。当時はプーチン支持でしたが、マグニツキーの逮捕後はFSB（連邦保安庁）につけ狙われるなど身の危険を感じ、「プーチンほど危険きわまりない悪党はいない」とさかんに非難しています。17年には米上院司法委員会で**「プーチンは2000億ドル（約27兆円）の財産がある」**と証言しました。

これがほんとうなら、プーチンはたしかに〝事実上〟世界一の大金持ち。米ブルームバーグ・ビリオネア・インデックスによれば、世界一はフランスのベルナール・アルノー（ルイ・ヴィトンやディオールなどのオーナー）1750億ドル、その次がアメリカのイーロン・マスク1260億ドルですから。ただし**「プーチンの財産は彼の名前になっていない」**（ブラウダー）とのことです。

99年からイギリスに住むブラウダーは**「私の経験は、今回のウクライナ侵攻の縮図だった」「14年のクリミア併合に対する国際社会の甘い対応が、今回のウクライナ侵攻を招いた」**と主張しています。実際、クリミアを併合したロシアへの西側の対応は鈍く、アメリカですら生ぬるかったのです。

バイデンはオバマ政権（09～17年）の副大統領でしたが、その**息子ハンターの動きが怪しい。**2歳のとき自動車事故で母を亡くし継母を迎えたのは気の毒としても、その後コカインをやって米海軍予備役を除隊となり、怪しげなファンドビジネスにも関与しています。

14年ごろハンターの関係する不動産会社に、モスクワ市長未亡人のオリガルヒ（インテコ社社長）エレナ・バトゥリナから350万ドルが送金され、4000万ドルの投資を受けていることが判明。14～19年にはウクライナの天然ガス会社プリズマ・ホールディングスの顧問として、月5万ドルの給料をもらっていました。17～21年の米大統領であり、20年大統領選で**バイデンと競ったトランプは、こうした事実をほじくりだしてプーチンやゼレンスキーに直接電話。選挙に有利に使おう**と、こっそり調べさせたものです。

その**トランプも、ロシアやウクライナのマフィアと不動産の売買交渉**をしています。

トランプは、自分の選挙とトランプ・タワーのモスクワ建設計画を除けば、きわめて呑《のん》気《き》でした。

クリミア併合前の13年、彼はモスクワに86か国のミス代表を集めてミス・ユニバース世界大会を主催。オリガルヒやマフィア親分らと開催前のパーティを楽しんだあと、宿泊先のリッツカールトンホテルのスイートルームに売春婦を呼びよせ〝ゴールデン・シャワー〟（おしっこかけ合い）ショーをやったと語る元英諜報機関のスパイがいます。「ピー・パーティ」のビデオもあるそうです。そのスイートルームは、09年7月にロシアを公式訪問したオバマ大統領一家が泊まった特別室らしいのです。

「少なくとも9回プーチンと会った」といっていたトランプは、プーチンとの関係が取り沙汰されると、「会ったことはない」「プーチンが誰だか知らない」と、むちゃくちゃを言っています。ちなみに、トランプ・タワーの建設計画は消滅しました。

バイデンやトランプを例に挙げましたが、彼らや身内の怪しいビジネス関係から、ロシアの問題を深く詮索するのは止めておこうという雰囲気が生まれたことは、確かでしょう。

第2章

プーチンとは、いったい何者なのか？

――スパイを夢見た少年時代、若き日の挫折、そして一大転機で権力者へ

Q10 若き日のプーチンは何を目指していたのか？

——プーチンとは、どんな男ですか？　いきなりロシアの最高権力者を目指したわけではないでしょう。どんな夢をいだき、何になりたかったのでしょう？

A

ウラジーミル・プーチンは１９５２年10月7日、レニングラード（91年6月からサンクトペテルブルク。以下ペテルブルク）で、父ウラジーミル・プーチンと母マリア・プーチナの間に、**３人兄弟の末っ子として生まれ**ました。２０２２年10月で満70歳です。

長男アルベルトは30年代半ばに生まれてすぐ死亡。次男ヴィクトルも第二次大戦が始まった翌40年に生まれ、ナチス・ドイツのレニングラード包囲網のさなか、42年にジフテリアと飢えで死亡しています。母マリアは、８７２日間続いた包囲戦を死人同然のやせこけた身体でかろうじて生きのび、戦後は用務員などで働きづめでした。父は海軍の徴用兵として戦って負傷。戦後は工具職員となり、小さな工場の責任者になっています。

両親はプーチンの大統領就任を見ずに世を去りましたが、二人ともロシア人としては頑丈だったようで長生きしました。母は87歳、父は88歳でガンで亡くなっています。

ちなみに祖父のスピリドン・プーチンは、モスクワのレストランで働いていたところをレーニンに認められ、モスクワ郊外にあったレーニン家の専属料理人となりました。

24年のレーニン没後は、ゴーリキ公園そばのスターリンの別荘で料理人となり、その門番も務めました。祖父には息子４人と娘２人がありました。


兄二人を失ったプーチンですが、いとことその子どもが何人か知られています。

一人はプーチンの父の弟の子どもで、イーゴリ・プーチン。いとこです。その子どもロマン・プーチンは一人っ子です。また、プーチンの父の兄の子のいとこエフゲニーは早く亡くなりましたが、ミハイルとアンナの兄妹がいます。

母の兄の子ミハイル・シェロモフは、プーチンより15歳年下のいとこです。プーチンが大統領になるまであまり知られていなかった人物ですが、**じつはプーチンとは企業投資だけではなく、裏の国家事業――たとえばソチ冬季オリンピックやウクライナ傷痍軍人の治療機関などに大いに関係**があります。

彼らの名前は、プーチンのカネにまつわる話でしばしば出てくることになります（第4章参照）。

プーチンは60年、8歳で近所の第193バスコフ・レイン学校に入学。12歳のときサンボ（ソ連で開発された格闘技）と柔道の塾に通いだしました。

9学年——日本でいえば中学生時代、007や大物スパイ・ゾルゲの映画、あるいは本人がいうように**ソ連映画『剣と盾』を見て、KGB（国家保安委員会）という諜報機関・秘密警察のスパイになりたくなりました。**そこで、思い切ってレニングラードのKGB事務所を訪ね、「何か役割をいただけませんか」と頼み込みました。

「そりゃ、すごい！　だがな、ぼうず、問題がある。本人がやりたいといってきても、使えないんだ。軍か大学を出てからまた、来な」と係官に軽くあしらわれました。「大学ならどこがいいのですか」と聞くと「どこでもいいよ」と投げやりな返事。「でも、どこがいいのですか」とプーチンがしつこく食い下がると、「法学部だね」との一言。

プーチンは、このやりとりを自伝『ファースト・パーソン』で回想しています。

ＫＧＢの準備だったのか、**高校ではドイツ語を選択。大学はレニングラード国立大学の法学部**にうまく入学できました。75年、**大学卒業と同時にKGBに採用**され、大望《たいもう》だった情報将校になりました。

ＫＧＢ第４０１学校で訓練を受けたプーチンは76年、少佐に任命されました。同学校を卒業すると、まず、ＫＧＢ第２総局の国内保安・防諜に配属され、やがて第１総局対外情報活動に移っています。

Q11 プーチンは結婚して、家族がいる？

――子どものときから格闘技や柔道を習い、夢はKGBスパイ。女っ気のない青春時代だったようですが、プーチンの結婚や家庭については？

A

ＫＧＢ少佐になって4年ほどたち、プーチンにデートの機会が訪れました。80年3月、**プーチン28歳**のときです。相手は、カリーニングラード（バルト海沿い、リトアニアとポーランドに挟まれたソ連の飛び地）生まれで、**22歳のリュドミラ・シクレフネワ**。

地元短大を出た彼女は、女優を夢見てアマチュア劇団員になり、看護婦やブティック店員など職を替え、出会ったときは航空会社アエロフロートの客室乗務員でした。毎週カリーニングラードとレニングラード間を飛び、週3日レニングラードに泊まっていました。

初めてのデートは、ひどいものでした。リュドミラは約束した地下鉄の駅で待ち続けました。「15分遅れるならまだいいわ。30分でもまあ許せる。それが1時間なんて……」と、悲しくて泣いたそうです。

プーチン大統領は遅刻魔として有名で、安倍晋三首相、独メルケル首相、米トランプ大統領、さらにはエリザベス女王やローマ教皇すらも待たせたことがあります。時間にルーズなのは若いころからのクセらしい。さすがに初デートで待たせたことは猛反省したようで、その後はある程度、時間を気にしながら頻繁にデートしています。

ある夜、寡黙なプーチンが突然「こうした関係は、もう〝処分〟しなければならない」と切り出しました。「3年半も付き合ったんだから、わかっているだろ!?」

てっきりプーチンが付き合いを止めたがっていると思ったリュドミラは、小声で「ええ」と答えました。プーチンはボソッと「そう、それならいい。……結婚してほしい」。リュドミラは「ええっ!?」と、プーチンの顔をまじまじ見つめるばかりでした。

なんとも奇妙なプロポーズで、二人は83年7月28日に結婚しました。

プーチンに刺激されたのか、妻リュドミラもレニングラード大学に入学し、スペイン語を学んでいます。**彼女は結婚後も長い間、プーチンがKGB情報将校であると知りませんでした。**「警察の調査部のようなところで書類を調べている」と知らされただけです。

結婚翌年、プーチンは「モスクワに用事ができた」と言い残して出かけました。「アンドロポフ赤旗アカデミー」（士官学校）で最終訓練を受けていた、と後でわかりました。KGB議長からソ連トップの書記長となった唯一の人物アンドロポフの名を戴く由緒ある学校を終えて、レニングラードに戻ると、85年4月に長女マリアが生まれました。

翌86年5月、プーチンは単身で東ドイツのドレスデンへ出発。KGB前任者との引き継ぎがあるという話でした。リュドミラは取得する大学の単位が少し残っており、マリアも幼かったので、10月末までレニングラードに留まりました。マリアを抱いたリュドミラがベルリンの空港に降り立ったのは、11月の初めでした。

空港では、花束を手にしたプーチンが、イライラしながら待っていました。**人を待たせるのは平気でも、自分が待つのは許せない**らしい。バスでドレスデンへ行き、シュタージ（東独の国家保安省、秘密警察と諜報機関の統括省）の官舎にたどり着きました。

「ドレスデンに着いてホッとしました。20年以上住んでいたカリーニングラードとそっくりなボイラーの匂いが部屋中たちこめていて、カリーニングラードに戻ったような気分がしたわ」とリュドミラは、回想記『思い出』に記しています。第二次世界大戦でソ連に占領されるまでのカリーニングラードは、ドイツの美しい街ケーニヒスベルク。哲学者カントや作曲家ワグナーが生まれた歴史ある街です。

86年8月には次女カテリーナが生まれています。**プーチン家は年子の娘二人でにぎやかになりました。**隣に東独のシュタージ職員が住む静かな一角でした。

Q12

プーチンは「地味なスパイ」だった？

――プーチンの東ドイツでのスパイ生活は、どんなものだったのですか？　憧れだった007や、戦前の日本で活躍した大物スパイ・ゾルゲのような活動は？

A

いいえ、**スパイとしてのプーチンのキャリアは、華やかさにまったく欠けています。**

本来のソ連スパイならば、西ドイツにエージェントをつくり、NATO（北大西洋条約機構）をはじめ西側の機密や軍事技術を盗まなければなりません。西独の情報提供者の家への電話設置をシュタージに依頼した書類が１件だけ残っていますが、**ほかにめぼしい諜報活動をした形跡がありません。**プーチンは、もっぱら西ベルリンまで足をのばしては、パソコンなどIT機器を調べていたようです。西ベルリンの分厚い通販カタログを時間をかけてよく見ていた、と同僚が語っています。

東ベルリンには、ドレスデン駐在KGBの上司マトヴェーエフ大佐がシュタージ本部と常時連絡を取りあい、情報交換する必要から、連絡係としてよく出かけました。そこで一人静かにドイツ・ビールを飲むのが楽しみでした。プーチンはこう回想しています。

「5年間リラックスしていたのと、ドイツ・ビールのおかげで13キロも太ったが、ロシアに帰国してすぐ体重が減った。90年代のロシアのビールは、ほんとにまずかった」

89年10月、東ドイツの政情が激変しました。

民主化デモの収拾に失敗したホーネッカー議長が解任され、61年8月に造られた総延長156キロもあった「ベルリンの壁」が壊されたのです。落書きした壁の破片を売る者まで現れました。東ベルリンのシュタージ本部もデモ隊に荒らされ、やがてドレスデンのシュタージ支部にも市民が押しかけてくるようになってしまいました。

プーチンは庭で機密文書を燃やす日々に明け暮れ、重要な書類を選り分けては、せっせとモスクワに送り続けました。ある日、シュタージ支部のむかい、プーチン一家の住んでいた官舎の庭に、デモ隊の市民たちが侵入してきました。プーチンはピストルをかまえ「許可なく立ち入るな。ここの同僚たちは皆武装していて、身に危険が迫ったら撃ってもいいことになっている」と凄んでみせました。流暢なドイツ語に、デモ隊連中は「お前は誰だ?」

と口々に叫んでいました。プーチンはとっさに「俺は通訳だ」と答え、その場をうまく切り抜けました。KGBの一員とわかれば袋だたきにあい、命すら危なかったでしょう。

この間**プーチンは、モスクワとずっと連絡を取り続け、救援を求め**ました。でも、**モスクワからは一向に返事がありません。**56年のハンガリー動乱（ソ連やハンガリー共産党政権に反対して民衆が蜂起）や68年のチェコ事件（改革運動「プラハの春」）では、フルシチョフやブレジネフがすぐソ連戦車を送ったのに、今回はなしのつぶてです。

東独にはソ連軍38万人が7つの基地に駐留し、中距離ミサイルの本拠地までありましたから、プーチンはソ連軍基地に何度も電話しました。しかし、「モスクワから連絡がないのだ。命令がないとわれわれは動けない」と、つれない返事です。

ソ連軍基地はドレスデンにもあり、戦車を越境させるまでもなく、基地から出るだけで活動できるわけです。しかし、ソ連軍は動かず、94年まで東独にじっと留まり続けるだけでした。**ゴルバチョフが武力行使を控えたのだ、とのちにプーチンはいまいましく語っています。**

85年ソ連書記長になったゴルバチョフは86年4月、ペレストロイカ（改革）やグラスノスチ（情報公開）を唱えました。この大胆な改革がポーランドやチェコに波及し、やがてソ連の〝優等生〟と言われた東独にも、大変革をもたらしたのです。

しかし、その後は、ソ連国内の経済悪化、炭鉱労働者の一斉スト、バルト三国の性急な反発など問題が山積。東独の面倒を見るどころではありません。チェチェン紛争やKGB改革（人員減らし策が逆に人員増大）に振り回され、混乱の極みでした。

ゴルバチョフの書記長就任からたった4年半で、ソ連国内は想像もできないほど激変してしまったのです。ゴルバチョフは90年3月の大統領選挙（代議員大会による間接選挙）で初代ソ連大統領になりましたが、そのまま最後のソ連大統領となってしまいました。


「冷戦を終わらせ、ペレストロイカをやり遂げた」と終生誇りにしていたゴルバチョフは、死の直前「その自分の業績が、プーチンによって台無しにされてしまった」と実感していました。ゴルバチョフは22年8月31日、モスクワの中央クリニック病院で、糖尿病の悪化による内臓機能不全で亡くなっています。ゴルバチョフの葬儀は国葬ではなく、大学の記念式典などに使われる「モスクワ円柱の間」という建物で行なわれ、儀仗兵《ぎじょうへい》が、国から派遣されただけでした。**プーチンはゴルバチョフをうらんでいました。**

Q13 ベルリンの壁崩壊のとき、プーチンはどうした？
——そんな東独ドレスデンに、いつまでとどまってもいられませんね。プーチンはどうしたのですか？

A

89年12月19日、西ドイツのコール首相がドレスデンを訪問。戦車を投入しなかったロシアのゴルバチョフをほめたたえ、「ドイツは間もなく統一する」と演説。市民の大変な歓迎を受けていました。「これではダメだ」とプーチン一家は89年末にようやくドレスデンを脱出。つてを頼ってあちこち巡った挙げ句の90年2月3日、やっとの思いでレニングラードに帰りつくことができました。

冷戦崩壊を目の前に、プーチンはどれほどあわてふためいたことか。肌身はなさず持っていたシュタージの身分証明書（3か月ごとに認印を押してもらう）すらも置き忘れて、

郷里に逃げ帰ったようです。IDパスが、のちにドレスデンで見つかっています。

妻リュドミラは、出身のレニングラード大学でドイツ語講師の仕事にありつきました。語学好きで楽しそうに見えましたが、生活のために働かざるをえなかったのです。KGBの給料は3か月も未払いでしたから。

娘二人も大変な思いをして戻りましたが、レニングラードは燃料や食料の奪い合いでマフィアやチンピラが街中を暴れまわり、治安が悪化。プーチンは東独のほうがまだ安全と娘二人をドレスデンに連れ戻しました。仲よしだったシュタージ（国家保安省）職員のドイツ人ワーニヒに頼んで二人を幼稚園に入れ、面倒を見てもらったのです。

3年後の話ですが、ワーニヒには妻リュドミラも特別に世話になりました。リュドミラは93年10月、ペテルブルク（91年9月6日にレニングラードから名称変更）のスモーリヌイ聖堂の近くで車を運転中、80キロで飛ばす車に側面衝突されてしまいます。

カテリーナと一緒に、国営ダーチャ（別荘）から学校までマリアを迎えに行く途中でした。後部座席で熟睡していた娘は無事でしたが、リュドミラは30分以上も失神。救急搬送された軍治療アカデミー（軍の病院）の医師たちは、緊急手術で背中を開いて骨折を治療し、やぶれた耳も縫い合わせました。どうやら軍人の背中にめり込んだ弾を抜くような、荒っぽい手術だったようです。

プーチンは、治療は医学の発達したドイツに限る、とリュドミラを移送。彼女は１か月近く入院し、手術を２回受けました。このときもドレスデンのワーニヒが面倒を見てくれたのです。シュタージを辞めていたワーニヒは、当時ドレスナー銀行幹部で、治療代などを全部、会社の経費で払ってくれました。

このこともあって、のちにガスプロムのバルト海底パイプライン「ノルドストリーム」（北の流れ）が完成したとき、プーチンはワーニヒを同社のＣＥＯに抜擢しています。ワーニヒは、22年のウクライナ侵攻で自ら身を引きました。

自動車事故の後遺症でリュドミラの生活は一変しました。強い信仰心を持ち、ロシア正教会へ頻繁に通うようになって、やがて大学のドイツ語講師も辞めてしまいます。

Q14

苦労続きのプーチンにとっての一大転機とは？

――プーチンは帰国後も、給料の遅配まであったKGBから離れずに勤務を続けていたのですか？　どんな仕事をしていたのでしょう？

A

家賃支払いなど**金銭的な苦労が絶えなかった**ようです。レニングラードで親のアパートに同居していたプーチンは、東独から帰国する前に、3DKのアパートが与えられました。ドイツ勤務の引き継ぎが滞《とどこお》っていましたから、90年夏まではよくドイツに出かけ、ドレスデンとレニングラード二つの家をかけもちにしています。

娘二人がドレスデンにいますから、ドイツとの行き来は頻繁でした。**KGBの肩書ではまずいので、「ソ連・ドイツ友好の家」理事長と偽って**いました。

KGBスパイとして情勢を観察していたのか。それとも得意なドイツ語を生かして新しい仕事でも探そうとしていたのか――どうもはっきりしないのですが、とにかく**情報収集だけは極力続けて、貿易や海外投資、さらにタックス・ヘイブン（租税回避地）やマネー・ロンダリング（資金洗浄）なども学んでいた**ようです。

妻も教壇に立ったレニングラード大学は自分の母校でもあるので、プーチンはしばしば立ち寄りました。大学には、外国人留学生の監視というKGBの仕事があったのです。留学生を指導する担当教授と協力して、表向き学生の面倒を見ながら見張っていたわけです。外国人留学生の指導担当はモルチャノフ教授（国際関係担当の副学長）。彼はプーチンの同窓で同学年のようですが、法学部と物理学部なので、学生時代は知り合っていません。教授は、KGB所属というだけでプーチンを信用してくれました。

ペレストロイカや政治改革でKGB職員が10万人も解雇され、相談できるKGB仲間はごくわずか。あまり付き合いのない大学の人たちがプーチンを助けていました。

90年5月、**プーチンは、人生を大きく変えるきっかけとなる人物――サプチャーク教授（1937～2000年）と再会**します。キャンパスで立ち話していたとき、たまたま通りかかったサプチャーク教授を、モルチャノフ教授が紹介してくれたのです。プーチンには大学時代の1学期か2学期、大教室で教授から国際経済法を学んだ記憶がありましたが、サプチャーク本人はプーチンのことをまったく覚えていませんでした。それなのにプーチンは、サプチャークが指導教授のように言いふらしていました。

サプチャークもレニングラード大学出身で、90年初めまで法学部教授。88年の憲法改正でソ連人民代議員が各地の公共団体からも選ばれることになると、彼も選出され、全国の同期議員の中ではエリツィンに次いで人気が高かった人物です（人民代議員制はソ連崩壊で91年12月に終了）。

彼は90年4月にレニングラード市議会副議長、5月に議長に選ばれました。これは事実上の市長で、サプチャークは大学を辞め、政治家への転進を図っていたのです。

しかし、市議会議長の職は、大学勤めが長かった教授にとっては荷が重い仕事。議員たちとの関係もぎすぎすしていたようで、政治的な人脈がほしかったのでしょう。プーチンと出会ったサプチャークは、「大学と市の連携をKGBの力でつくってほしい」といきなり懇請しました。

プーチンは、KGBから命令されたわけでもないのに快諾。「サプチャーク・チームの助手兼用心棒になったよ」と、会う人ごとに話していました。

Q15

大胆になった90年代のプーチン、いったい何があった？
――レニングラード市議会議長のサプチャークを知って、プーチンにも行政や政治への新たな道が開けたわけですね？

A

38歳のウラジーミル・プーチンにとって、90年は大変な年でした。ドイツのドレスデンから苦心惨憺《さんたん》、逃げ帰った年。そして、サプチャークと出会った年です。

この年からプーチンは、大胆としかいいようのない生き方を始めます。

00年までの10年間は、まるで死闘の連続でした。しかしながら、**レニングラードで6年強、モスクワで4年弱――あわせてわずか10年の苦闘の末に、プーチンはロシア中央クレムリンのトップの座へと上りつめる**ことになるのです。

90年7月～91年6月に、レニングラード市議会議長**サプチャークの議会顧問**だったプーチンは、6月の選挙に勝ったサプチャークがレニングラード市長に就任すると、外国貿易や対外投資をあつかう**対外関係委員会の議長に任命**されました。ここから、スパイの実績にはつながらなかったドイツ経験が、ものを言いはじめます。91年末からは**ペテルブルク副市長も兼務**しました。

91年8月、市や大学とKGBとの間を取り持ったのを最後に、プーチンはKGBを辞める決断をしました。階級は一つだけ昇進して中佐でした。大望をいだき続けたKGBを、妻リュドミラが心配するほどあっさり辞めてしまったのです。夫のKGBという職業が好きではなかったリュドミラは、ホッと安心しました。

ある日、ドイツ行きの前から知っていたスミルノフという男が、会社設立の認可を求めて市庁にやってきました。80年にレニングラード航空計装研究所（大学）を卒業後も研究員を続けた彼は、レニングラードで、いや、恐らくソ連全体でも初めて、ロシアとドイツの複数企業の合弁不動産会社「インフォーム・フューチャ」を立ち上げました。

対外関係担当のプーチンは、91年に独フランクフルト市で彼と会い、92年にはペテルブルクとフランクフルト両市が出資してドルなどを扱う〝外貨交換会社〟をペテルブルクに設立する話をしています。スミルノフは、自分の不動産会社をその傘下に入れてほしいと依頼したのです。設立されたＳＰＡＧ社は、独ロ両国で登録され、外貨交換から土地売買まで手広くおこなうようになりました。ドイツ警察は同社を、せいぜいペテルブルクのマフィアやコロンビアの麻薬密売者のマネーロンダリングに使われるくらいがオチでは、と疑っていました。実際、そうなったわけです。

ペテルブルク側のＳＰＡＧ社では「ズナメンスカヤ」という子会社が発足。スミルノフが株式20％を持つ社長で、プーチンから委任状をもらっていました。副社長には、ペテルブルクの顔利きでタンボフ組マフィアの親分クーマリンが抜擢され、よくドイツへ出かけました。社名ズナメンスカヤはタンボフ州の地名ズナーメンカにちなみ、クーマリンの意気込みがわかります。研究者とマフィア親分という異色の組み合わせです。

こうしてプーチンはスミルノフと親密になりました。フィンランド国境近くにあるヨーロッパ最大（日本の四国とほぼ同面積）のラドガ湖へ、プーチンは休みをとっては一家で出かけました。その近くのコムソモーリスコエ湖岸に96年、**スミルノフの不動産会社が別荘（ダーチャ）を建てて販売。ここにプーチンらがつくった「オーゼロ組」（オーゼロはロシア語で湖）が、やがてロシアの闇の一大勢力となっていくのです**（192ページ参照）。

Q16

市庁勤めとマフィアがらみ会社役員の〝二足のわらじ〟をはいた重要人物とは？

――研究者だったスミルノフが不動産や外貨交換の会社をつくり、ロシア・マフィアと組んで、そこにプーチンがからむわけですか。クーマリンはどんな男ですか？

A

クーマリンは、モスクワの300〜500キロ東南にあるタンボフ州に生まれた田舎育ち。レニングラードからは1000キロ以上離れていますが、タンボフの若者たちは、どういうわけか、ほとんどがレニングラードを目指します。クーマリンも一旗あげようと、コルホーズ労働手帳だけを持ってレニングラードへ出てきました。

入った冷凍技術専門学校はズル休み続きで、すぐ放校。食うためにバー「ローザ・ヴェトロフ」（嵐のバラ）のドアマンになり、やがてタンボフの仲間と群れ出しました。

89年には自らを中心に数百人を擁する「タンボフ組」を結成します。その秋、デビャトキノ・アパレル市場でタンボフ組とマルイシェフ組が、シノギ（生業）をめぐって自動小銃まで持ち出すマフィア抗争を展開。90年にはタンボフ組員が72人も逮捕され、クーマリンも武器の違法所持で懲役4年を食らっています。でも、どんな手を使ったのか、すぐ牢獄から出てきました。このころからプーチンは、彼をよく知るようになります。


出所後も懲《こ》りずに抗争を繰り返したクーマリンは、右手に深い傷をおい、96年に治療のためドイツへ向かっています。そこで目がさめたのか、帰国すると精密機械・計量器の専門学校へまじめに通いはじめました。今度はちゃんと卒業。このとき習得した技術が、のちに大いに役に立つことになります。

早くから石油精製国策会社キリシ精油の株投資に励んだクーマリンは、やがて同社の共同経営者となり、ペテルブルク燃料社ＰＴＫの副社長にも就任。同社のガソリンをペテルブルクのガソリンスタンドに一手に卸し、市のトロリーバスなどの燃料もすべて供給するようになりました。ボロ儲けでカネづかいも激しくなり、**クーマリンは〝夜の市長〟の異名を取ります。PTKの影の社長は、もちろんプーチン**でした。

このころ悪の世界と縁を切っていれば実業家として名を成していたでしょうが、クーマリンは悪にどっぷりつかって喧嘩や殺害に明け暮れ、刑務所の出入りを繰り返しました。

プーチンは、クーマリンのPTKやスミルノフのSPAGの役員を、大統領になるまで続けています。**役人の給与だけでなくマフィアがらみの会社と「二足のわらじ」でマージンを受け取るようになって、プーチン一家も人並みの生活ができるようになりました。**

当時はソ連崩壊で食料事情がきわめて悪化。「第2のレニングラード包囲網」と皮肉られたほどで、ペテルブルク市民は非常に貧しいものでした。品切れの店が多く、リュドミラも必要なものを買うのにあちこちの店を探しまわっています。

プーチンは国有の石油や木材を売って1億ドルほど捻出し、ドイツから食料品を輸入しようと計画しました。対外関係委員会の議長としてできる仕事ですから、ＳＰＡＧ社を通じ輸入手続きまでしています。ところが、市民が待てど暮らせど食料はほとんど入ってこないので、市の食料委員会は叱られっぱなしでした。

一説によると、この計画で得たカネはスペインの広大な土地買収に使われ、ずっと寝かされ続けた土地は、いま莫大な資産になっているとか。スペインはアンダルシア地方、地中海に面した丘に、地元で「プーチンの宮殿」と呼ばれる豪華な館があります。国有財産をカネに換えて、ペテルブルク市民の口に入るはずの食料を買わず、土地を買ったのだとすれば、プーチンはマフィアも顔負けのワルです。

市の食料基金が「食料品購入」の名目で４５０万ドルも減ってしまい、99年に市の検事局が動きはじめたことがあります。これにはモスクワから調査中止命令が出て、うやむやになりました。権力を握りはじめたプーチンが、ストップをかけたのかもしれません。

Q17 プーチンに協力したロシア・マフィアたちとは？

――プーチンは、ロシア・マフィアの世界にどっぷり浸かっていました。海外関係や許認可を扱う対外関係委員会の仕事が、うってつけだったわけですね？

A

市の仕事を始めたころから、プーチンはマフィア連中と関係していました。彼らが躍起になっていたカジノ導入に携わったのです。 カジノはソ連に存在しなかった新事業ですから、権利関係の枠組みが整っておらず、カネの流れも不明瞭。モスクワでは禁止でしたが、ペテルブルクでは市長サプチャークが認め、プーチンが許認可を担当しました。

ところが、カジノから収益を得ようと半官半民の第三セクターをつくったものの、最初は失敗。テーブルから集められた現金はどこかに消え、カジノ経営者が見せる帳簿は赤字まみれ。一向に配当を受け取れず、プーチンは「考えが甘かった」と回想しています。

その後、**プーチンは認可を続け、ほとんどの親分がホテルにカジノを開きました。** カジノが解禁されたモスクワでもさかんに開設され、96年半ばまでに72か所。クレムリンそばの有名な「ホテル・メトロポール」すらも、49年ウズベキスタン生まれのマフィア親分タイワンチク（台湾野郎はあだ名で本名タフタフゥノフ）がカジノ経営をするようになりました。

ロシア革命直後、レーニンが長く滞在し、毛沢東やホーチミンも泊まった、マルクス・レーニン主義の本家本元でもっとも由緒あるホテルだったのですが……。近くの公園にはマルクスの胸像がまだ立っていますが、ホテルはすごい美人ぞろいで、彼女たちがエレベータから地下カジノに客を案内していました。

なお、認可手数料が政府とプーチンに入り続けたはずですが、ごまかしや、もぐりカジノの乱立に立腹したプーチンは、09年、全国一斉にカジノを禁止してしまいました。

プーチンは、タンボフ組の抗争相手であったマルイシェフ組の右腕で、KGB情報提供者だったペトロフとも親しく、彼はプーチンのところによく一人で顔を出していました。

実業家としての才覚があり、たんなるマフィア親分の一枚も二枚も上手《うわて》で、しだいに勢力を増していった人物です。

しかし、96年にサプチャークとプーチンのチームが選挙に負けると、ペトロフは「俺もほかのマフィアたちとスペインに逃げた」のです。もうプーチンに助けてもらえないと思ったのでしょう。スペインに渡るとマネーロンダリング会社をつくり、ゆうゆうと儲けはじめました。何度か刑務所入りしていますが、資金洗浄は続けて、国外追放となった08年には6000万ドルをペテルブルクに持ち帰りました。

このカネでペトロフは、ペテルブルク郊外ネヴァ川のカーメンカ（石）島に建つ豪壮なマンションを購入。かつてエカテリーナ二世に捧げられた島は古い建物が多かったので、息子の建築会社にあちこち修理させ、再建しました。

のちのちの話ですが、**プーチンは大統領就任前後からインナー・サークル（内輪の小集団）をいくつもつくっています。**プーチンは03年以降、モスクワからペテルブルクに帰ると、ここカーメンカ島のマンションに泊まります。

ペトロフのマンションの住人は、サンボ仲間シェスタコフ、柔道仲間ローテンベルク兄弟、ロシア銀行オーナーのコヴァルチュクや元オーナーのミヤチンら。のちに彼らは、**カーメンカ島でプーチンのインナー・サークルをつくり**ます。

このように**マフィアをうまく使うのは、プーチンの特技であり、裏技でもありました。**

Q18 マフィアからプーチンはどうやって身を守ったのか？
――マフィアの世界にのめりこむと、カネのトラブルはおろか、自分の身すら危ない場面だってあるのでは？　プーチンはどう対処したのですか？

A　たしかにプーチンは、ボディガードの必要を痛切に感じていました。

彼には格闘技サンボや柔道に打ち込んだ〝肉体派〟と思えない、とても繊細で、慎重な上にも慎重なところがあります。新型コロナへの異常な警戒もそうです。感染予防のつもりか、とてつもなく長い机の両端にプーチンとショイグ国防相が座って話す珍妙な映像が報道で流れて、大方の失笑を買っていました。

内務省やFSBとつながりのあったR（ロマン）・ツェポフは、62年生まれとプーチンの10歳年下です。プーチンの信奉者ですが、プーチンのよき相談相手でもありました。

彼は内務省高級政治学校を出て内務省入りし、組織犯罪対策部門に勤め、軍政治委員も務めています。90年に大尉で退官すると警備会社バルチック・エスコートを立ち上げて、市長サプチャーク、副市長プーチン、市を訪れる内外要人らの警備を引き受けました。一方でツェポフは、タンボフ組やマルイシェフ組の連中とも親しく付き合って、タンボフ組の警備もやっており、武器・麻薬の違法所持で逮捕されたり、「プーチンからカジノ認可を取ってやる」とマフィアから大金の手数料を巻き上げたりしています。何度か命を狙われ、チェコに身を隠したこともあります。00年のプーチン大統領就任式にも公式招待されて、ペテルブルクでは人気者でした。

ところが04年9月、地元FSBオフィスに顔を出し、お茶を一杯ごちそうになったとたん、身体を壊して入院。2週間後に死んでしまいました。元KGBリトヴィネンコと同じポロニウム210を飲まされたのです。

プーチンに近い「オフランヌイ・オリガルヒ」(警護の大富豪)が、なぜ無防備にも42歳の若さで殺されてしまったのか。ツェポフのいた内務省の組織犯罪部門は、のちに反体制知識人らを弾圧し、過激派やテロリズムと戦う「センターE」へ密かに再編されました。創設をめぐってFSBとモメたのかもしれません。センターEは、昔のKGBやナチスのゲシュタポのような影の巨大組織となり、FSBとは別動隊として活動しています。

91年8月、ゴルバチョフに反発する保守派クーデターが起こったとき、エリツィンはロシア政府の建物「ホワイトハウス」前で戦車上から反クーデター演説をして、未遂に終わらせました。このときエリツィンの背後、いちばん高いところで周囲に目を光らせ警備していたのが、V・ゾロトフ（54年生まれ）という男です。

直後にサプチャーク市長はエリツィンに、「自分の警備を頼みたい」とゾロトフの派遣を要請。市長ボディガードとなったゾロトフは、副市長プーチンとも親密になりました。

先の話になりますが、ゾロトフは99年プーチン首相ボディガード、00年大統領セキュリティサービス責任者、14年内務省第一次官兼国内軍最高司令官と、警護や治安の要職を歴任。16年にはプーチンが創設した「ロシア国家親衛隊」司令官に任命されました。

国境警備・対テロ作戦・治安維持・国家施設警備などを任務とするこの部隊は、早い話が大統領直属の〝プーチン親衛隊〟です。**内務省に属していた国内軍（ロシア連邦軍とは別）と警察特殊部隊の多くを引き継ぐことで、内務省の軍隊・準軍隊をプーチンが直接動かせるようにしたわけです。いまやその隊員数は50万人に近い、とされています。**

Q19

運転手も視野に入れていたプーチンはどのような就活をした？

――プーチンは96年、生まれ育ったペテルブルクからロシア中央のモスクワに移りましたね。どんないきさつだったのですか？

A

きっかけは96年6月、ペテルブルク市長選挙でサプチャークが落選したことです。前にお話ししたカジノ――市営ギャンブルが、一大汚職として批判されたのです。さらにサプチャーク市長は公共アパートを私物化。妻が住む別の公営アパートも油絵を描くアトリエ付きに公金で改装され、市民の非難が殺到。**サプチャークは選挙に敗れて市庁を去り、プーチンも去らざるをえませんでした。**

サプチャークは、当局が国有財産横領の嫌疑をかけると97年11月、パスポートも持たずプライベート機でパリに高飛びしました。心臓発作を診察してもらうというのは表向きの話。パリで病院には行っておらず、司直の手を逃れて亡命したのでした。

サプチャークの後任は、選挙に僅差で勝ったヤコヴレフです。彼は市庁で経済委員会議長や第一副市長を務めたプーチンの8つ年上の先輩で、「副市長として残らないか」とプーチンを慰留しました。これをプーチンは、「裏切りだ」（秘書セチンの証言）と一蹴しています。**「タクシー運転手でもやるか」と真剣に考えた、というのがプーチンの告白です。**

あちこちいろいろな人に頼み込んだ結果、就職先がやっと見つかりました。エリツィン政権下のロシア大統領府長官エゴロフを、総務局長ボロディン（46年生まれで、93年から大統領府の主要局長を歴任）が説得し「すぐモスクワへ来るように」といってくれたのです。96年8月までペテルブルクで残業を整理し、プーチンはモスクワへすっ飛びました。

ところが、エゴロフは7月には長官を辞め（翌97年4月に肺がん死）、後任長官はチュバイスでした。チュバイスは55年生まれで、92年からロシア政府の民営化担当副首相として急激な市場経済導入を牽引。96年1月まで第一副首相で、ロシア大統領選ではエリツィン陣営の選対責任者として再選に導き、7月に大統領府長官となっていました。

チュバイスに「エゴロフが約束していた君の席は廃止された」と伝えられたプーチンはショックを受け、ペテルブルクへ帰ろうとしていたところ、ボロディンが飛んできて「クドリン大統領府次官を紹介したいから、ちょっと待ってくれ」と引き留めました。

A・クドリン（60年生まれ）はサプチャーク市長の下で副市長などを務めたペテルブルクの元同僚で、よく知る人物（のち00～11年にプーチン政権財務大臣）。クドリンがプーチンをチュバイスの部屋へ連れて行き「考え直してほしい」と後押しすると、チュバイスは「じゃ、広報局長はどうかね」と素っ気ない返事。気乗りしないプーチンが、やはり諦めて帰ろうとしたら、**ボロディンが総務局の席を提案。プーチンは「それならば」と承諾しました。**

Q20

「疑惑が残る」プーチンの博士論文とは？

――プーチンは〝博士号〟を持っている、だが、博士論文は盗作だったらしい、などという話を聞いたことがあります。真相は、どうだったのですか？

A

東独から帰国したプーチンに異常なほど接近してきた、ウラジーミル・リトヴィネンコという地元の名士がいました（殺害された元KGBリトヴィネンコとは別人なのでご注意。216ページ参照）。博士号は、この人物の仕掛けです。

リトヴィネンコは、ペテルブルクの鉱山大学教授を長く務め、学長となった鉱物専門家――というのは表の顔で、裏ではかぎりなくマフィアに近い闇の富豪です。

市の公共住宅経営委員会委員に選ばれて、共産党幹部でもめったに入れないサウナ付き2LDK高級アパートをせしめるくらいは朝飯前。80年代には、イラン産キャビア（チョウザメの塩漬け卵）を買い占め、ロシア産としてドイツなどに売って大儲けしました。

当時のロシアでは、店以外に、どのホテルの支配人も、宿泊客用のキャビアを横流ししてこっそり売っていたものです。〝黒いダイヤ〟と呼ばれカスピ海産が有名ですが、イランで密漁されたリトヴィネンコの瓶詰めは品質がよく、飛ぶように売れたのです。

市の対外関係委員会の仕事を始めたプーチンに彼は、ピカレヴォにある貴金属製造工場のレアメタル（ニッケル、リチウム、バナジウムなど）を輸出してひと儲けしないか、と持ちかけました。プーチンは自分の私設秘書セチンを紹介しています。市議会がリトヴィネンコの裏取引を糾弾したときは、知らん顔をしてうまく責任を逃れましたが。

当時のロシアでは、〝博士号〟を持つことが流行《はや》っていました。社会が混乱し企業の浮沈も激しいなか、カネで箔をつけたい者が多かった。博士号を出す側も、自分のカネや地位につながると喜んで応じたのでしょう。94年から大学学長だったリトヴィネンコは、プーチンのモスクワ行きのはなむけに、博士号を贈呈しようと思ったようです。

プーチンは97年6月、鉱山大学への提出論文「市場関係形成下における地域資源の戦略的計画」の口頭試問を受けにモスクワから出かけています。**博士号はもらったものの、のちに米研究者が、プーチンは「他人の論文を16ページにわたって盗用」と発表し、修士論**

文にすら価しないと酷評しました。調査も学位剥奪もされていませんが、プーチンは経歴に博士号を書くことを控えています。リトヴィネンコの娘が裁判所で、「そういえば、父が徹夜してその論文を書いていましたわ」とあっけからんと証言したことがあります。

教え子や知り合いに博士号を乱発してきたリトヴィネンコ学長は、もちろん悪いことをしたとは思っていません。彼が贈った博士号の肩書を後生大事に使っているセチンのような人物もいます。リトヴィネンコは、その後も株取引や企業育成・売却などでプーチンに協力。プーチンとのただれた関係は、今日まで続いています。

ペテルブルク時代の話はここまでにして、次章では、いよいよモスクワに出て権力の階段を大またぎで駆け上がるプーチンの姿を見ていきましょう。

第3章

どうやってロシア大統領になったのか？

——最高権力者まで上り詰めた疾風怒濤の4年間

Q21 プーチンが頭角を現しはじめた当時、ロシアの状況は?

――まず、プーチンがペテルブルクからモスクワへ出たころの、ロシア中央の政治状況を教えてください。1991年末のソ連解体前からエリツィン大統領でしたね?

A **91年7月にロシア大統領(任期5年)に就任したエリツィンは、急激な経済改革と資本主義の導入を進めました。しかし、価格自由化や国債乱発がハイパーインフレを招いて失業が激増。民営化を巧妙に利用して国有企業を手に入れ、巨大な富を築くオリガルヒ(新興財閥)も現れて、貧富の差はソ連邦時代以上に拡大しました。**貧困に苦しむ人びとが支持したロシア共産党が第一党に躍進。エリツィン支持率は二ケタを割った、とすら見られたほどです。

経済の混乱に加えて94年に第一次チェチェン紛争が勃発。しかも91年9月に独立宣言をし、ロシアに戦いをのぞむチェチェンに、エリツィン大統領はかかりきりでした。94年12月に激しい空爆をおこない、首都グローズヌイを征服しました。それ以外では熱戦が継続中でした。それでもエリツィンは96年2月、大統領選に出馬を表明します。陣営の選挙対策委員長は大統領府長官チュバイスでした。

96年6月の大統領選第1回目投票では、誰も過半数に達せず、得票率はエリツィン35％、共産党委員長ジュガーノフ32％、軍人出身のレベジ14・5％。ジュガーノフは党の組織力もあり、都市部より農村や小さな町で人気が高く、共産党が復活しそうな勢いです。

そこでエリツィンは、安全保障会議書記（当時、議長に相当）の要職に加えて憲法に明記のない副大統領の地位をレベジに用意。1・2位の決戦投票で彼の票をもらう約束を密かに取り付けました。レベジは2か月もたたないうちに「陰謀を企てていた」ということで解任され、追放されました。チェチェン紛争を見事に和解までこぎつけていたのですが。

一方、エリツィンの娘タチアーナ大統領顧問は、大富豪ベレゾフスキーと会って、選挙応援を頼み込んでいます。彼は即決で1億2000万ドルの献金を約束。選対委員長チュバイスに、アメリカから選挙のプロ3人を招き、のちに「セミバンキルシチナ」（七人の銀行家）と呼ばれことになる富豪たちに協力を求めるよう提案しました。

共産党復活を恐れる富豪らのカネでメディアを総動員し、エリツィン支持の大キャンペーンを打とうというのです。集めたカネは約5億ドル。7月3日の決選投票ではエリツィンが53・7%の票を得て再選を決めました。最後の20日間ほとんど姿を見せず、じつは入院していて、8月の大統領就任式も宣誓をするのがやっとの様子。選挙で引き延ばしていた心臓バイパス手術を11月5日に受けてから、やや元気を取り戻したようでした。

Q22

大統領選を左右した「セミバンキルシチナ」(七人の銀行家)とは?

――「セミバンキルシチナ」は新興財閥のオリガルヒですね。7人とは誰のことを指すのですか?

A

ベレゾフスキーは96年10月末、英フィナンシャルタイムズ紙のインタビューでエリツィンを支援した銀行家や実業家7人の名前を挙げ、「ロシア経済とメディアの大部分を支配している」と語りました。それであるジャーナリストが**「七人の銀行家」**なる言葉をつくったのです。具体的には**ベレゾフスキー、ホドルコフスキー、フリードマン、アヴェン、グシンスキー、ポターニン、スモレンスキーの7人です。**

46年生まれでソ連科学アカデミー制御科学部門の研究者だったベレゾフスキーは、89年に中古車販売会社を成功させ、ラーダ車の生産販売会社を設立。車が流行《はや》り、飛ぶように売れたころで大富豪に出世。同業者に恨まれたのか、94年に乗っていた高級車が爆破されてしまい、危うく一命をとりとめたこともあります。

97年には、米『フォーブス』誌が総資産30億ドルでロシア一の大金持ち、としました。彼ら七人がどんなオリガルヒで、その後どうなったかは、第４章でお話しします。

ノーベル賞作家のソルジェニーツィン（１９１８〜２００８年）は、98年のエッセイ『崩壊するロシア』で**「七人の銀行家が出現し、ロシアの最高権力を支配するため直接共謀した。ロシア経済のほぼ50％は彼らの手にあり、さらに増えるだろう。15の大企業と銀行がロシア経済の70％を支配しているのだ」**と書いて嘆きました。

Q23 エリツィン政権で資本主義の導入・民営化を進めた二人の高官とは？

――エリツィン再選の貢献で大統領府長官となったチュバイスは、モスクワに出てきたプーチンを冷ややかに扱った。プーチンは、まだ蚊帳の外ですね？

A

プーチンは96年前半、ペテルブルク市長サプチャーク再選にかかりっきりでした。モスクワの政治に手を出せるどころではありません。

チュバイスはもともと学者肌で、90年にソ連の市場経済への移行分析で注目され、レニングラード市庁（執行委員会）や市議会へ。ただ、サプチャークとの関係は微妙だったようで、92年からはロシア政府に移って民営化を推進しました。プーチンの3歳年下ながらモスクワで先に出世したことも、プーチンとの関係を複雑にしました。

チュバイス大統領府長官はエリツィン政権の〝摂政〟とまでいわれ、97年3月には第一副首相兼蔵相になっています。98年には電力会社の統一エネルギーシステム（ＵＥＳ）会長（１９９８～２００８年）やロスナノテクノロジー社長（08～20年）を務めています。

彼は元祖オリガルヒの一人といって差支えありませんが、プーチン時代に入ると彼の政治的な影響力は失われ、プーチン批判を強めていくことになります。

経済改革案を評価され、チュバイスよりも早く91年11月からエリツィン政権の経済担当副首相に抜擢されたガイダルは、92年に〝ショック療法〟といわれた価格自由化を断行したチュバイスの盟友です。しかし、ガイダルやチュバイスの民営化路線は、この章の冒頭で触れたように急進すぎて、90年代を通じて人びとを豊かにはできませんでした。二人は98年にルーブル切り下げとデフォルト宣言を勧告していますが、これはロシア金融危機の引き金にもなりました。

プーチンもその権力を支えるシロヴィキ（治安・国防・諜報機関の出身官僚。213ページ参照）も、彼らには終始、批判的でした。自分たちが国有財産を握るのであってすべてを市場まかせにはできない、という発想だったのです。

ちょっと年月を飛ばしますが、ガイダルは06年11月アイルランドのダブリンで開かれた国際会議に出席して、原因不明の吐血や手足の麻痺に襲われました。一命を取りとめたガイダルは「政治的な殺人未遂だった」と主張。3年後に心筋虚血による肺水腫で死去しています。チュバイスは自分のホームページに「ガイダルはロシア政治史でも特筆すべき偉大な政治家、科学者、そして人間であった」と記し、盟友の死を悼みました。

チュバイスは22年3月23日、ロシアのウクライナ侵攻に抗議してプーチン大統領の国際機関担当特使を辞任し、「ロシアには二度と戻りたくない」と言い残してトルコに出国しました。侵攻直後に辞任したロシアで最高位の人物ということです。

プーチンは、チュバイスのことを「ロシアの賢明な人びとは、このような人間のクズと真の愛国者を区別する能力を持ち合わせている。口に飛び込んできた蛾をぺっと道に吐き出す自己浄化を心得ているのだ」と、口を極めて罵倒しました。

ロイター通信は22年8月、「チュバイス氏が末梢神経に障害が起きるギラン・バレー症候群と診断され、欧州の病院で集中治療を受けている。同氏自身は病気と考えているという。一部のメディアや活動家は毒を盛られた可能性があるとみている」と報じました。

それより前に、サプチャークの娘でロシア大統領選にも出たジャーナリストのクセニアが、チュバイスの妻から知らされたとして、チュバイスがイタリア・サルディニア島の病院に緊急入院した、と通信アプリで明かしています。彼女もこのあと亡命しました。

Q24

行政の中枢に戻ってきたプーチンは、どう動いたのか？

――エリツィン政権の大統領府総務局に移ったプーチンは、どんな仕事をしましたか？　その仕事を、後のキャリアにどうつなげていったのでしょう？

A

プーチンという人物は、自分を信頼してくれる上司のため、その命じるままに一生懸命働くタイプのようです。ペテルブルクではサプチャーク市長の下で、モスクワでは総務局長ボロディンの下で、がむしゃらに働きました。ボロディンはプーチンを気に入り、すぐ**総務局次長**のポストにつけてくれました。

総務局にいれば、旧ソ連邦の国有財産や資材、クレムリンの財源などが詳細にわかります。ペテルブルクでもそれらをうまく使う工夫を重ねてきたわけで、チュバイスに言われた広報局長のポストに興味を示さなかったプーチンの狙いは、このあたりにありました。

役所を不在にしがちなボロディンに代わって、プーチンはクレムリンが海外に所有する資産の一覧表を、ペテルブルクからついてきた助手の副部長セチンと丹念に作成。海外資産の管理を担当しています。プーチンの国際ビジネスや渉外経験も役立ったでしょう。

ボロディンはクレムリン宮殿などの不動産を管理するロシア大統領府事務局長も兼任していましたから、プーチンは不動産評価表も短期間で仕上げて提出しました。

プーチンは97年3月には、**大統領府副長官兼監督総局長**に就任しています。

98年5月には、地域担当の**ロシア大統領府第一副長官**に就任。7月には大統領に直属する地域範囲の決定を命じられ、46もの取り決めに署名しています。これはエリツィンのいい加減な決定だったので、プーチンは大統領になってすべて取り消していますが。

2か月後の98年7月、プーチンは**FSB長官**に任命されました。強く推したのは、チュバイスの後任の大統領府長官ユマシェフでした。FSBは、7年前までプーチンが所属していたKGBの後継組織です。そのトップとなったプーチンは、嬉々としてFSBの大改革に取りかかりました。

Q25 プーチンがエリツィンに貸しをつくった一件とは？

――98年には、プーチンの上司だったボロディンやエリツィンの娘がからむ汚職スキャンダルが発覚しました。この問題で、プーチンはどう動いたのですか？

A

ロシア大統領府で総務局長や事務局長を歴任したボロディンは、旧ソ連の不動産管理から大統領機密費まで握ったエリツィンの〝金庫番〟です。彼は、エリツィンの意向を受けて、長く修繕や改修をしていなかったクレムリンの大々的な修復工事を150社（うち海外企業48社）に発注。欧米企業と数十億ドルの契約を交わしました。

しかし、スイス当局が、スイスの建設会社マベテックスとロシア側の不正取引（水増し請求、マネーロンダリング、キックバックなど）に気づいて捜査を開始。

エリツィンは「ボロディンを留任させる」と突っぱねましたが、98年10月には検事総長スクラトフが、独自の捜査とスイスからの情報提供に基づいて「かなりの官僚がマネーロンダリングに関与し、エリツィン大統領もからんでいる」と公表してしまったのです。

検事総長を動かしたのは、KGB出身でプーチンの大先輩、プリマコフ首相です。ソ連末期に共産党政治局員候補になったこともある老練政治家プリマコフは、共産党のジュガーノフと組んでエリツィン追い落としを画策していました。次期大統領選に出て、二人コンビで大統領と首相になろうと考えたのです。

一方プーチンは、汚職事件を闇に葬るつもりでした。汚職スキャンダルのサプチャークを最後まで市長にしようと奮闘したことを思い出させます。汚職を問題視すれば自分に火の粉が及びかねないとの懸念もあったでしょうが、一度仕えた以上は見捨てずに仁義を貫くという思いが強いようにも感じます。いずれにせよ、案に相違してハデにばらされてしまったプーチンは、スクラトフ検事総長に〝脅し〟の手紙を送りつけています。

99年3月にはＦＳＢ長官プーチンと内務大臣ステパーシンがテレビ対談。「ショッキングなセックス・スキャンダル映像がある。それを公開する」といって、スクラトフ検事総長らしき人物がベッドで若い売春婦二人と丁々発止の親密なシーンを演じる7分半のビデオを放映したのです。検事総長は4月、直ちに解任されてしまいました。

大統領失脚の策謀はエリツィン側には知られていなかったが、プリマコフは99年5月に首相を辞任しています。プーチンと会談したプリマコフは「プーチンはＫＧＢのはるか後輩だが、断固たる信念を抱いていることがわかった」といっています。

エリツィンの足下《あしもと》をすくいかねない汚職事件の捜査を阻んだプーチンの存在感は、政権内で非常に大きくなっていました。プーチンはエリツィン一家に大きな貸しをつくり、もはやエリツィンはプーチンに強く出ることができなくなりました。

Q26

腐敗政治のなかで、プーチンがとった「かしこいポジション」とは？

――検事総長の国内捜査はつぶれたとはいえ、エリツィンや彼の娘が汚職まみれだったことはたしかでしょう？

A

そうです。**エリツィン政権の後半は、彼の心臓病のせいもあるでしょうが、露骨で極端な〝縁故主義〟がはびこりました。**大統領顧問となった次女タチアーナらの親族や、エリツィンに近い人物たちが、**〝セミヤー〟と呼ばれた側近集団をつくって国政を動かし、国有財産を私物化し、政治腐敗が蔓延**していました。

セミヤーはロシア語で「家族」「家」という意味です。血縁関係のある親族をはじめ、地縁関係、学校・職場の同僚や先輩後輩といった関係、さらに七人の銀行家のように利権に群がる政治的・経済的な関係からなるエリツィンの取り巻き集団が、まさに〝エリツィン一家〟として権力をほしいままにしたのです。

ロシア連邦の大統領府は、エリツィンが91年7月に大統領令で設置した大統領直属の組織。その長官、副長官、局長らは大統領が好き放題に任免し、内閣や議会の承認は必要ありません。だから大統領府長官は、基本的にエリツィン・ファミリーです。プーチンをFSB長官に推したユマシェフ大統領府長官（97年3月～98年12月）はタチアーナの夫で、長官を辞めた後もタチアーナとともに権勢をふるっていました。

たとえばタチアーナは、マベテックス社に**豪華な別荘を建ててもらいながら、1ルーブルも払っていません。**それどころかエリツィン一家には、マベテックス社から**6000万ドルのキックバックが振り込まれ**ています。そのうえ、エリツィン、長女エレーナ、次女タチアーナには**スイスの銀行のクレジットカードが提供され。使い放題。**つけはマベテックス社に回るのです。タチアーナはカードで高級ブランド服を買ったりしています。「タチアーナはドイツの古城を別荘にしようと、ベレゾフスキーやロシア・マフィアを従えて物色していた」と暴露した新聞もありました。エリツィン行きのカネは米ニューヨーク銀行に、ボロディン行きのカネはハンガリーのブダペスト銀行に送金されました。

やがてスイス検察は、マベテックス社からの3000万ドルの収賄、2500万ドルのマネーロンダリングなどの容疑で、ボロディンを国際指名手配しました。

彼が大統領府で財産管理責任者だったのは00年1月までで、その後はロシア・ベラルーシ連邦の初代国家書記（国務長官）です。

01年1月、米ブッシュ新大統領就任式に出席するためニューヨークのケネディ空港に降り立ったボロディンをFBIが逮捕しました。身柄はスイスへ引きわたされるはずでしたが、奇妙なことに、当時すでに大統領だったプーチンが保釈金500万スイスフラン（300万ドル）をロシア政府名義で支払い、4月に保釈されています。

モスクワ行きで世話になったボロディンです。プーチンは窮地を救って恩に報《むく》いようとしたのか、あるいはボロディンがプーチンに助けを求めたのか。彼は11年まで連邦国家書記を続け、その後はユーラシア経済連合事務局長としてプーチンのため働いています。

プーチンはエリツィン・セミヤーの非常に近いところにいて、彼らの行状を事細かに把握し（ただし秘密裏に）、ときに窮地に陥ったセミヤーを助けつつ、最後までセミヤーの

一員に加わりませんでした。――これが肝心要《かなめ》のポイントです。

Q27

プーチンが短期間で首相まで駆け上がることができたわけは？

――98年7月にFSB長官となったプーチンは、わずか1年ちょっとで首相に就任しています。どんないきさつだったのですか？

A

非常にごちゃごちゃしていますから、年月日を記しておきます。

98年7月25日～99年3月29日**FSB長官**、99年3月9日～8月9日**ロシア連邦安全保障会議書記**（最初の３週間はFSB長官と兼務）、8月9日**第一副首相**（この日にステパーシン首相が辞めたので即、首相代行）、8月16日～**首相**と、国を代表するきわめて重要な役職に、めまぐるしく就任しています。

ステパーシンの首相解任は、プーチンにとって想定外だったようです。前大統領府長官のチュバイスは、プーチンの首相就任に強く反対し、裏に回ってエリツィンを再三再四説得しましたが、聞き入れられませんでした。後任の大統領府長官だったユマシェフが、義父のエリツィンにプーチンを強く推薦した、といいます。エリツィンは99年8月9日に「来年の選挙でプーチン氏に大統領を引き継いでもらいたい」と語っています。

「プーチンは首相や大統領への道を急ぎすぎた」とも見えますが、どうでしょう。プーチンは、FSB長官→副首相→首相→大統領という道筋は想定していても、こんなに早くトントン拍子に進むとまでは思っていなかったはず。そうなったのは、**セミヤーに囲まれ慢心するエリツィンが、リーダーや後継者を育てず、セミヤー連中も利権目当てに右往左往するばかりで、国を託すに足る人物がプーチン以外にいなかった**からでしょう。

エリツィン政権の首相（ロシア連邦閣僚会議議長、93年からロシア連邦政府会議議長）は、エリツィン本人の兼務・首相代行・再任という3つのケースを除けば、初代チェルノムイルジンが92〜98年3月と長く務めたあと、キリエンコ4か月、プリマコフ8か月、ステパーシン3か月と、ごく短期で首をすげ替えられています。

35歳と若く政治的力量に欠け、ロシア通貨危機で解任されたキリエンコは、最初から一時的なつなぎ（プーチンの信認は厚く、のち原子力のロスアトム社長に就任）。プリマコフはエリツィン失脚の首謀者。穏健なステパーシンは実力不足。――エリツィンは甘すぎました。

Q28

首相の座に就いたプーチンが放った激烈な一手とは？

――エリツィン政権の5代目首相プーチンは、2～4代目とは違っていたわけですね。プーチン首相のやったことは？

A

チェチェン対策で目を見張らせました。チェチェンは黒海とカスピ海の間、ジョージアやアゼルバイジャンの北にあり、イスラム系のチェチェン人が住む地域。18世紀から南下したロシア帝国が19世紀後半に併合。大戦中にスターリンが住民数十万人をカザフスタンやシベリアに強制移住（多くが死亡）させたことは、クリミアに似ています。

ソ連崩壊後に独立機運が高まり、94〜96年第一次チェチェン紛争が勃発。レベジにより97年から5年間の停戦が合意されていたところ、99年8月5日にチェチェン独立派の最強硬派が隣のダゲスタンへ侵攻。さらにロシアでは、8月31日から9月中旬にかけて首都モスクワなど3都市でアパート連続爆破事件が起こり、死者300人・負傷者1000人以上が被害に遭った。ロシア全土が恐怖にかられました（ただし、FSBの自作自演説が後を絶ちません。9月22日には、リャザンで爆発物が見つかりFSB職員が逮捕される事件が発生。地元FSBや警察が憤激しましたが、FSBは「演習だった」と謝罪しています）。

連続爆破をチェチェン独立派のテロと断定した首相のプーチンは、エリツィン大統領が尻込みするなか「テロリストと戦い続けねばならない。奴らが便所に逃げ込めば、首を便器に突っ込んで溺れさせてやる」と叫んで陣頭指揮。これが第二次チェチェン紛争です。

プーチン率いるロシア軍は、チェチェン首都グローズヌイへ、絨毯爆撃やミサイル攻撃をおこなって廃墟とし、第二の都市グジャルメスも狙いました。同時に、第一次紛争時の英雄で最強硬派（同じイスラム系でも宗派が異なる）と対立していたアフマト・カディロフと裏取引し、その協力を得て、「戦うのは止めよう。グジャルメスを救うのだ！」と呼びかけました。

ロシア側は兵力8万人とされ、00年2月にはグローズヌイを陥落。独立派は組織的な抵抗ができなくなり、山岳地帯のゲリラ戦を除いて、戦争は下火となっていきました。

首相となったプーチンは、「厳しいが有能な大臣」と評価されていたものの、政治的・大衆的な人気は、あまりありませんでした。しかし、国民を恐怖に陥れたテロと厳として戦い、チェチェン紛争を収束に向かわせたことで、大衆から広い支持を集めました。プーチンは、チェチェンを次期大統領としての地歩固めに見事に使ったわけです。

その後のチェチェン情勢に触れておきます。04年5月には、前年からチェチェン共和国大統領だった親ロ派のアフマド・カディロフが爆殺され、次男ラムザン・カディロフが07年大統領に就任。20代から最強硬派に何度か殺されかけた彼も親ロ派で、ウクライナ侵攻ではプーチンを全面支援。ロシア連邦英雄の父の名を冠した「カドィロフツィ」なる私兵部隊をウクライナで戦わせ、ロシア軍の撤退を批判しています。反カドィロフ勢力の強硬派の一部は、ウクライナ側にボランティア軍として参加してロシア軍と戦っているのです。

99年9月に始まった第二次チェチェン紛争は、ロシア側発表で09年まで続きました。現実には17年にも反乱がありました。第一次の死者は8万人に近い（うち民間人は推定4万9000人）とされ、第一次を上回る戦闘のあった第二次のチェチェン側犠牲者は20万人以上ともいわれています。攻められたチェチェンだけが戦場となり、ロシア領内に戦場がないことは、08年の南オセチア紛争（5日間戦争）やウクライナ侵攻と同様です。

〝ソ連水爆の父〟ながら後半生を人権活動に捧げノーベル平和賞を受賞したサハロフ博士の妻で、チェチェン研究家のボンネル氏は、「チェチェン人の大量虐殺《ジェノサイド》はプーチンにとって世論の支持を得るために必要だった」と米議会で明言しています。

Q29

ツイてる男、プーチンは大統領就任初期に何をおこなった？

――99年8月首相となったプーチンは、大晦日にロシア大統領代行。00年3月に大統領。エリツィンは、もうヤル気を失っていた？

A

チェチェンで辣腕をふるうプーチンを見て、**エリツィン**はいたく喜びました。12月31日には昼のテレビ演説で、半年の任期を残し大統領辞任を表明。「新世紀（ルビ・ミレニアム）は新しい大統領がよい」と、**プーチンを大統領代行に指名**しました。

彼は「灰色のよどんだ全体主義的な過去から一歩だけ進めたと思う」と自らの歩みを控えめに振り返っています。エリツィン一家に対する絶え間ない汚職追及と自らの体力の限界から、とっくに辞めたがっていた、というのが本音でしょう。

エリツィンは「自分のセミヤー（家族）全員を、絶対に詮索も逮捕もしない」という念書をプーチンから取りました。対してプーチンは「エリツィン・セミヤー全員の地位を法的・社会的に保証する」との公式書面に署名してエリツィンに渡しました。

さらにエリツィンは、00年6月の予定だった大統領選挙を3月23日に前倒ししました。チェチェンで20万人もが虐殺されたおそれがあると知り、明るみに出ないうちに、またほかの候補者に準備の余裕を与えないように、というプーチンへの配慮です。

プーチンは新年の挨拶で後継に指名してくれたエリツィンへの返礼を述べ、「内外政策の性急な変化はない。言論の自由、良心の自由、報道の自由、そして個人の財産権など、市民社会の基本的規範はすべて国家が確実に守る」と誓いました。これにエリツィンは大喜び。プーチンを強く警戒していたゴルバチョフも、そこまで誓うなら、とプーチン支持にころっと転換してしまったのです。

代行として大統領職を引き継いだプーチンの初仕事は、エリツィン大統領のあらゆる過失を免責にする法令づくりでした。ただし、免責対象はエリツィン一人だけ。娘タチアーナら家族の汚職はすべて対象外で、**エリツィンとの約束は反故**にされたのです。1月3日、タチアーナは大統領顧問を解任されました。キックバックの1500万ドルをスイス銀行に隠し持つ〝汚職の塊《かたまり》〟のような女を遠ざけることは、**プーチンの〝身の潔白〟を全ロシ**

アに示す絶好のチャンスだったのです。

00年3月の大統領選は、当初の立候補者33人の3分の2が書類審査（たとえば推薦署名の水増しなど）で登録を認められず11人で争われ、**プーチンは得票率53・44％でロシア大統領に選ばれました。**次点は共産党委員長ジュガーノフです。

こうしてプーチンという男は、ロシア連邦のトップに上り詰めました。東独ドレスデンから帰って10年、モスクワに移ってわずか4年たらずという短期間の大出世でした。

プーチンの大統領選挙を支援した人のなかには、かつての上司サプチャークの姿もありました。プーチンは99年、親友からサプチャークの消息を聞いてすぐ渡仏し、「汚職の検事局判断は取り消しにするから帰国しませんか」と説得。喜んだサプチャークは帰国後、00年2月からプーチンの応援演説行脚に加わってくれたのです。

ところが、2月20日、彼はカリーニングラードで演説中に急死してしまいます。死因は心臓発作とされましたが、二人の医療専門家の調査結果と矛盾。5月には計画殺人の疑いで刑事捜査が始まりましたが、3か月ほどで終了し、結果は発表されませんでした。

リベラル政治家で女流作家のノヴォドヴォルスカヤが率いる民主同盟党は、「サプチャーク死去のとき、彼の警備員二人が同時に心臓発作を起こし中毒症状を示した（ただし治療を受けて回復）」と、公式発表したことがあります。

プーチン大統領（任期4年）の1期と2期、00～08年にかけてロシアのGDPは、年平均7%という高い伸びを示しました。これは首相のカシヤノフが01年に個人の所得税制を改革し、一律13%の税率を導入したことがきっかけの一つ。はびこっていた脱税が減り、税収が25%も増えたのです。その後の高い成長は、石油価格が高騰しつづけ、外国資本がどんどん流入してきたからです。この間プーチンは非常にツイていました。

08年、メドヴェージェフ大統領と交代したとたんリーマンショックが起こりました。旧社会主義国は影響が少ないといわれましたが、やはりデカップリング（連動）は避けられず経済は悪化。回復しはじめたのは12年ごろです。これまたツキがあったようです。

07年にはエリツィンが亡くなっています。プーチンは、モスクワ川そばの救世主ハリストス大聖堂で、盛大な国葬を営み、死亡した日を「国民服喪の日」と宣言したのでした。

第4章

権力者となったプーチンをとりまく人々

——政治を動かすオリガルヒ、愛すべき家族や親族

Q30

政治にも影響を及ぼす「オリガルヒ」とは誰のことか？

――プーチン大統領の課題の一つは、ソ連崩壊の過程で跋扈《ばっこ》しエリツィンともつるんでいたオリガルヒにどう対処するかでした。改めて、オリガルヒとは何ですか？

A

オリガルヒは古代ギリシャ語で「少数者の支配」をいいます。プラトンやアリストテレスは、法に基づく貴族制（これも少数支配）から逸脱して、堕落した富裕層が自分たちの利益ばかり求める少数支配（寡頭制《かとうせい》）を、否定的にこう呼びました。

ロシアではペレストロイカ（改革）やグラスノスチ（情報公開）を掲げたゴルバチョフ時代（１９８５～91年）から急激な経済改革が進行。よい面はあっても、裏目に出て悪い面も拡大しました。経営状態の悪い国営企業を資本主義化や民営化を通じて手に入れ、ロシアでなじみのない株式・金融制度、資金洗浄（マネーロンダリング）、海外企業の設立（オフショア）といった手法を駆使し、私企業を膨張させていく者が現れたのです。

社会主義を壊したロシアは、〝資本主義の悪い部分〟だけを競って導入した、という印象すら受けるほどです。彼ら大富豪がオリガルヒ（新興財閥）と呼ばれ、91〜99年のエリツィン時代や2000年から今日に至るプーチン時代に続いていきました。

ただ大富豪というだけなら、米『フォーブス』誌や総合情報メディアのブルームバーグが発表する富豪リストを見れば話は早い。多くはアメリカ人で最近は中国人も増えましたが、23年初頭に300位以内のロシア人は17人（200位までに11人）。彼らがまだ生きている代表的なオリガルヒです。300位以内の日本人はユニクロ柳井正、キーエンス滝崎武光、ソフトバンク孫正義のわずか3氏のみ。ロシアのGDPは日本の半分以下（20年までは3分の1）ですから、いかに富の偏在が激しいかわかるでしょう。

エリツィンを96年にカネの力で強引に大統領再選させるのに貢献した「七人の銀行家」の筆頭ベレゾフスキーは〝元祖オリガルヒ〟の一人です。その後どうなったでしょうか。

自動車事業で大儲けしたベレゾフスキーは、90年代半ば、パートナーのアブラモヴィチとともにシブネフチ石油の支配権を獲得。90年代後半にはORT（ロシア公共テレビ）初代副会長となり、MNVK（TV6）や最大の実業紙『コメルサント』をはじめ有力メディアを支配して〝メディア王〟と呼ばれました。エリツィンの背後にいる〝クレムリンのゴッドファーザー〟といわれた時期もあります。

98年にはCIS（ソ連崩壊後、バルト三国以外で構成された独立国家共同体）の執行書記となりましたが、贈賄や汚職が目に余ってプリマコフ首相が99年3月に解任。政界に未練があったベレゾフスキーは、エリツィンとプーチンの統一党の結成にカネを出して選挙名簿に載せてもらい、下院議員になっています。

魑魅魍魎《ちみもうりょう》うごめくロシア政界です。ベレゾフスキーはプーチンが大統領になると反プーチンに転じましたが、逆に批判を浴びて00年7月に議員辞職。やがて彼に対する刑事捜査や訴訟が積み上がり、03年にはイギリスへ政治亡命しました。ベレゾフスキーが支配するORTのチェチェン報道が気に入らず、とくに00年8月バレンツ海でまだ生きている乗組員とともに沈没した原潜クルスクの報道に激怒したプーチンは、彼から全メディアを奪うことに成功しました。

ベレゾフスキーは12年、「ロシア国民よ、言論の自由を奪い、民主主義的な価値をないがしろにしたことを許してくれ。私がプーチンを権力に就かせたことを告白する。この告白は言葉だけでなく行動で示す」とフェイスブックに書いています。

13年3月、**彼はロンドン近郊の元妻宅の浴室で死んで**いました。浴室は内側から施錠され、風呂に横たわっていましたが、首にはひもの跡がありました。やはり、FSB第5総局の反体制弾圧組織が殺害に関与した疑いがもたれています。

Q31 プーチンを激怒させて逮捕収監されたロシア一の大富豪とは？

――同じように七人の銀行家の一人でロシア有数の大富豪だったホドルコフスキーも、プーチンを怒らせて刑務所行きですね？

A

63年生まれとプーチンより二歳若いホドルコフスキーは、20代半ばで「若者の科学的・技術的創造性センター」を設立。コンピュータ輸入販売・ジーンズ製造・酒販売などのほか、キャッシュアウト（帳簿に残らない現金化。現金の扱い制限を受けていた多くの企業から架空を含めて注文を受け、手数料を取って現金を払い出す。この現金を賃金に回せば、企業資産を税負担なしで個人へ移すことができる）で大儲けしました。

彼は89年に銀行（90年からメナテップ銀行）を設立。同行は、93年発足で95年に民営化された国営石油会社ユコスを買収。「ホドルコフスキーは50億ドル相当のユコス株式の78％をわずか3・1億ドルで獲得し、しかも税金をほとんど払っていない」と指摘する米経済学者もいます。このユコスが石油生産量で世界の2％、ロシアの20％を占め、ホドルコフスキーは石油王と呼ばれました。彼も初期の典型的なオリガルヒです。

しかし、**資産150億ドルでロシア一の大富豪、世界でも16位（米『フォーブス』誌）とされたホドルコフスキーは、03年に詐欺・脱税・マネーロンダリングなどの容疑で逮捕・収監されました。**2月にクレムリンでプーチン大統領と大企業家たちの会合があったとき、彼は国営石油ロスネフチによる別の石油企業の高値買収を汚職として批判。「そんなことお前にいえるのか」とプーチンは激怒した、と伝えられています。

刑務所から10年後に出ると、その資産はほとんど雲散霧消《うんさんむしょう》。出所後もプーチンを批判し「ロシア大統領選に出る」などといっていましたが、結局はスイス経由で英ロンドンに移り住みました。西側首脳たちに「プーチンは政治家ではない。バンディト（ギャング）なのだから会わないほうがいい」と話しています。

Q32

七人の銀行家のうち筆頭格の二人は、プーチン大統領に追い落とされた。残り５人は？

――エリツィンを支えたオリガルヒたちは、プーチンにとっても信頼すべき存在だったのですか？　それとも排除すべき存在でしたか？

A

フリードマンは、64年ウクライナ生まれのユダヤ人。89年設立の商社アルファエコから始めて、ロシア最大の個人銀行アルファ銀行や投資グループ・レターワンなどのアルファ・グループを構築。13年に石油会社ＴＮＫ－ＢＰ株式の25％を１４０億ドルで売却して一躍大富豪に。米『フォーブス』誌によれば、21年段階でも資産155億ドルです。

フリードマンは、レターワンの顧客むけペーパーで「両親がウクライナ国籍の私は、ロシア人にもウクライナ人にも愛情がある。現在の紛争は両者にとって悲劇だ」「戦争では答えにならない。流血を終わらせよう」と呼びかけました。15年からイギリスに住むフリードマンは、最初にウクライナ侵攻を公に疑問視したオリガルヒの一人です。

アヴェンは、フリードマンの盟友のオリガルヒで、アルファ銀行頭取（94〜11年）や会長（11年〜）を務めています。対外経済関係大臣のときにペテルブルク副市長だったプーチンを助けたこともあるとされ、プーチンの秘書セチンとも親しい友人です。フリードマンとアヴェンは、ともにウクライナ侵攻直後にEUから制裁されています。

グシンスキーは92年、警備会社や銀行など42社を統合したモスト・グループをつくり、多くのテレビ・ラジオ・新聞・雑誌などを手に入れ、〝メディア王〟となりました。

しかし、00年には、ベレゾフスキーとともにプーチンのメディア取り締まりを食らい、クークリ（人形）番組でプーチンを揶揄《やゆ》して人気を博していたチャンネルなど彼の全メディア資産は、ガスプロムが3億ドルで買収。彼はスペインへ出国しました。

ポターニンは、93年に連邦輸出入銀行（オネキシム銀行）の頭取となり、96〜97年にロシア第一副首相に就任。98年に持ち株会社インターロスを起こして社長を務め、ニッケルやパラジウムの生産世界一のノリリスク・ニッケル社、不動産のプロエステートなどを傘下に収めています。個人資産300億ドル以上とされてきましたが、米『フォーブス』誌によると、ウクライナ侵攻後の22年4月時点で資産173億ドル。年100億ドル近く失ったようですが、それでも依然としてロシア第2位の大富豪です。彼もプーチンにはやや批判的です。

スモレンスキーは、ブラック・マーケット商売で外貨を稼ぎ、81年に国有財産の横領で逮捕されたことも。89年にはスタリーチヌイ（都市）銀行を設立し、個人預金者を200万人まで増やしましたが、98年金融危機で破産。その後OVK銀行グループをつくりましたが、03年に引退。スリラー作家に転向したもののうまくいかず、姿を消しました。一説によるとウィーンで暮らしているようです。

ベレゾフスキーが名を挙げた「七人の銀行家」のうち、ポターニン、フリードマン、アヴェンの3人は現在まで生き延びましたが、3人はプーチンに潰され、一人は殺害（?）されました。

エリツィン一家からすれば、プーチンが、エリツィンを支えた初期のオリガルヒを守ってくれることが重要でした。エリツィンの女婿ユマショフは、**「彼らに世話になったはずのプーチンは、彼らを最初に蹴散らしてしまった」**と語っています。

七人の銀行家は、誰かを省いてマルキンまたはヴィノグラドフを数える人もいます。

マルキンは、ウラル工科大学やモスクワ鉄道技術者研究所に学んだ秀才で、レーザー放射計測の論文で博士号を取得しています。80年代後半に友人と共同事業を始めて、89年にロシア・クレジット銀行会長。13年からモナコに住んでいます。

ヴィノグラドフも、民間銀行のパイオニアといわれる一人です。モスクワ航空大学を出て国営工業銀行プロムストロイバンクに勤務。88年にロシア最初の商業銀行の一つインコムバンクを設立し、頭取となりました。同行は95年にはロシア第2の銀行となりましたが、98年の金融危機で事実上倒産。破産した彼は08年に脳卒中で世を去りました。

Q33 石油・天然ガスなどの資源支配で富を築いたオリガルヒとは？

――石油・天然ガスのエネルギーや鉄・非金属などの資源を手にしたオリガルヒは、やはり強いのでは。アブラモヴィチもそうですか？

A

石油王アレクペロフが典型です。石油業者の家に50年に生まれた彼は、油田やガス田の技師や責任者を長く務め、シベリアの石油生産リーダーたちとの関係を構築。90年ころソ連邦石油・ガス産業副大臣をやり、最年少の副大臣といわれました。

91年設立の非国営石油会社ルクオイル（拠点3都市ランゲパス、ウライ、コガルムの石油ガス会社3社の頭文字と石油を並べてＬＵＫＯＩＬ）が92年に民営化されると社長に就任。ルクオイルはガスプロムに次いでロシアで石油生産第2位の巨大企業で、従業員は10万人以上。当然、アレクペロフもロシア有数のオリガルヒで、米『フォーブス』誌によると19年の個人資産は207億ドルでした。

ウクライナ侵攻が始まると、ルクオイルは「武力紛争の早期終結を支持し、外交手段と交渉プロセスを通じた解決を完全に支持する」と声明。ロシア国内や旧ソ連圏はじめ欧米にも石油を売り、アメリカにもガソリンスタンドがあるルクオイルは、一刻も早く戦争が終わってほしいでしょう。オーストラリア、イギリス、カナダから制裁対象とされたアレクペロフは、22年4月に取締役と社長を辞任しました。

22年9月にはルクオイルの取締役会長マガノフが、**入院していたモスクワの中央クリニック病院6階から転落死**しています。喫煙中に誤ってバルコニーから落ちたなどの説がありますが、はっきりしません。3月にルクオイルの理事会でウクライナ侵攻を「悲劇的」ととらえ、「武力紛争をできるだけ早期に終わらせるための交渉」を会社ぐるみで決議しました。これが気になっていたのでしょう。

プーチンにもっとも近いオリガルヒの一人と目されるアブラモヴィチも、石油でのしあがった人物です。66年にユダヤ家庭に生まれたアブラモヴィチは、３歳までに父母を亡くして親戚に育てられました。兵役ののち80年代後半に小さなビジネスを始め、91年には石油販売に従事。92年には国営の製油所から燃料を盗んだかどで捕まっています。その後、ベレゾフスキーと出会って彼を師と仰ぎ、彼と組んで石油ビジネスを広げていきました。

ベレゾフスキーに紹介され、エリツィンとも親しくなりました。彼はエリツィン一家（セミヤー）の一員というべき人物で、とくにユマシェフとは刎頸《ふんけい》の友。いまプーチンの〝腰巾着《こしぎんちゃく》〟といわれますが、かつてエリツィンと非常に親密なつながりがあったことが不思議なくらいです。

アブラモヴィチは、原油生産者と製油所を垂直統合した石油会社をつくることを提案し、エリツィンは95年、大統領令で国営石油シブネフチを設立。同社が96〜97年に民営化されると、オークション（入札）でアブラモヴィチとベレゾフスキーが買収。数十億ドルの価値があると見積もられた会社をわずか2億ドルほどで手に入れたのです。さらに05年、同社をロシア政府に130億ドルで売りつけました。こんなマフィアのような荒業を持つあくどいアブラモヴィチは、シブネフチ買収時に、政府役人やマフィアに莫大な賄賂をわたしたことを認めています。

やがてアブラモヴィチは、シブネフチを共同運営していたベレゾフスキーと金銭問題で決裂。ベレゾフスキーが英ロンドン在住で、ロシアの裁判所は信頼できないというので、イギリスで裁判が開かれ、アブラモヴィチが勝訴しました。

アブラモヴィチは03年、英プレミアリーグの名門チェルシーFCを5000万ドルで買収してオーナーになっていますから、イギリスでの裁判は有利だったかもしれません。

ただし、英女性裁判官の義理の息子が、当初アブラモヴィチの代理人弁護士で、手数料47万ポンド(約9千万円)を受け取っていたことがわかっています。ベレゾフスキーは「プーチン自身が判決を書いたという印象を受けることがある」と語りました。

アブラモヴィチは、ウクライナ侵攻で22年3月イギリスから制裁を受け、チェルシーを含む資産を凍結されましたが、その前にチェルシーから20億ドルを借金して〝保険〟をかけておくしたたかさ。直後の５月には米投資家ボーリーらのグループによる買収で合意し、売上金を全額寄付すると宣言しました。３月上旬には、ウクライナとロシアの停戦交渉の仲介役を買って出てトルコで毒を飲まされ、一時中毒症状で「絶え間ない痛みに悩まされた」と告白しています。ロシアの強硬派による警告だとの見方もあります。

アブラモヴィチがエリツィン時代に安値で手に入れた石油会社を、プーチン政権が高値で買ったことは、プーチンのオリガルヒ懐柔策の一つ。富豪実業家の持つ旧国有資産（企業）を国が買い上げるか取り上げるかして、息のかかった身近な者に経営させる手法を、プーチンはあからさまに始めています。これは、大物マフィアからカネを借り共同経営していた実業家に対して、**国がマフィアの肩代わりをし、のさばるマフィアを消していく**ことにもなりました。**アブラモヴィチは単なるオリガルヒではなく、プーチンに近い政商で、第５章でお話しするクレプトクラット（盗人《ぬすっと》権力者）の一人ともいえます。**

Q34

マフィアと深く付き合った〝アルミ王〟とは誰のこと?

——マフィアとオリガルヒのつながりについて、具体的に教えてください。これという実例はありませんか?

A

シベリアのアルミニウムで財をなし、08年にロシア一の大富豪(米『フォーブス』誌によれば世界でも9位)とされたこともある〝アルミ王〟デリパスカがいます。

アルミニウムの原料ボーキサイトは、ロシアにふんだんにあって仕入れは安いのですが、アルミは〝電気の缶詰〟といわれるほど精錬に巨大な電力が必要で、カネもかかります。

モスクワ国立大学で物理学を学んだデリパスカは、金属輸出会社をつくって儲けたほか、ロシア中央銀行から資金を調達して、シベリアのアルミ関連工場を次々と傘下に収め、00年にはアブラモヴィチの大手石油会社シブネフチと組んで、ロシア・アルミニウムRUSAL(ルサール)を設立。同社はロシアのアルミ生産の7割を占めるとされました。

デリパスカは、ウズベキスタン生まれのロシア・マフィア親分チョルーヌイとモメたことがあります。チョルーヌイは、90年代の早い時期からアルミ取引で稼ぎ、各地のアルミ企業の株式を所有して、デリパスカとも協力関係にあったのです。

しかし、デリパスカが共同事業の分担金「2億5000万ドルを支払う」と口約束していたのに「ヤツは1ドルも支払っていない」として06年、ロンドン高等裁判所に提訴。結局、チョールヌイが主張を取り下げて手打ちとなりました。

マフィアとの付き合いが深く、自らもマネーロンダリングに手を染めて、マフィアまがいの商売をやってきたデリパスカを、プーチンは強力に支援。06年にリークされたアメリカの外交公電は、彼について「プーチンが定期的に頼るオリガルヒは、2～3人はいる」「プーチンの海外行きに同行する常連」と記しています。

プーチンが差しかけた庇護の屋根〝グルイシャ〟（197ページ参照）の下、ロシア内外で展開する産業グループ「ベーシック・エレメント」や、アルミはじめ非鉄金属・鉄鋼・エネルギー・農業・物流・環境などを統合化した「En＋グループ」を創設し、一大オリガルヒに成長。イギリスへ英語の勉強に行ったり、東京の九兵衛に寿司を食べに来たり、08年の北海道・洞爺湖サミットでは当時の福田康夫首相と対話しています。

ウクライナ侵攻直後、デリパスカはSNSで「平和はとても重要だ」といい、AFP通信の報道によれば22年6月、「ウクライナ破壊はロシアの利益となるのか。もちろん違う。途方もない間違いだ」などと発言。特別軍事作戦をロシアで事実上使用が禁じられている「戦争」と表現しました。プーチンに近いからそこまでいえる、ということでしょうか。

アブラモヴィチはプーチンに好かれているデリパスカを取り込もうと、エリツィンの娘タチアーナと婿ユマシェフの娘ポーリナが満20歳になったときに、デリパスカに紹介。彼女がたいへんな美人であったために、6度も結婚・離婚を繰り返してきた男が一目ぼれ。ほとんどデートもしないうちに結婚し、男女二人の子ども（エリツィンのひ孫）も生まれています。

しかし、スーパーヨットで愛人と接吻している瞬間を映像に撮られ、公表されてしまった。17年にあえなく離婚し、莫大な慰謝料を取られてしまいます。プーチンに「バカな男よ」と笑われたらしい。

Q35 プーチンに忠実なオリガルヒもいるのか？

――プーチンに忠実なオリガルヒも少なからずいます。デリパスカのように、プーチンに育てられたオリガルヒです。どんな人物が、どんな事業をしていますか？

A

66年ダゲスタン（カスピ海東岸、アゼルバイジャンやジョージアの隣国）生まれのケリモフは、若いころ柔道とウェイトリフティングで鳴らし数学オリンピックで優勝もした秀才です。ダゲスタン大学経済学部卒。

卒業後は、国営工場の財務部門に就職し、93年には工場から連邦産業銀行フェドプロムバンクに派遣されてモスクワへ。この銀行はいわば出遅れた会社で、ケリモフたちは大規模な公共事業会社の債権者となり、巨額の利益を得てフェドプロム銀行を手に入れます。

99年には石油取引会社ナフタ・モスクワを買収。この会社を使って、融資を受けてはガスプロムやズベルバンクの株を買い、高値で売って莫大な利益を手にしました。06年末まで32億ドルを借り、150億ドル相当の資産に変えた、とされています。

99〜07年に下院議員、08年からは上院議員を務め、プーチンととくに親しくなりました。

リーマンショックで経営が大変なとき、ケリモフはポターニンからロシア最大の金採掘会社ポリウス・ゴールドの株式を買い取っています。09年にはモスクワの中心街にある「ホテル・モスクワ」の再建計画に関与し、オープン直後の15年にベラルーシ出身の実業家コーチンに売却しています。09年に不動産会社PIKグループ株式の25％を買ったあと、なお株式シェアを増やし、この会社を通じてアルミのとれる土地の一部をデリパスカに売ったりして、経営が回復した13年に別の投資家や実業家に売却しています。

こういうのがケリモフのビジネスです。17年には仏コート・ダジュールの高級住宅をペーパーカンパニー経由で購入し、脱税したとしてニースの空港で逮捕され、保釈金4000万ユーロで釈放されたり（18年に起訴取り下げ）、フランス人不動産屋をアブラモヴィチやデリパスカと一緒に恐喝した、と訴えられたりしています。**プーチンはこのようなワルをかかえているようです。**

53年ウズベキスタン生まれのウスマノフは、「プーチンにもっとも好かれているオリガルヒ」といわれています。モスクワの国際関係研究所（外務省下部機関の大学）で学び、教授だったプリマコフ（のち首相）と親しくなりました。26歳だった80年、ウズベキスタン共和国幹部の息子たち友人とともに詐欺や窃盗罪でも逮捕され、8年間も投獄されています。

90年代後半には、国策ガス会社ガスプロムのCEOヴャヒレフと出会って提携し、ガスプロムの子会社ガスメタルを所有します。同社はさらに買収を重ね、08年にはメタロインヴェスト持株会社（ロシア最大の鉱業・冶金保有会社）となりました。ウスマノフはこの持株会社の株式の60％（12年末）を握ったオーナーです。この会社は、埋蔵量で世界トップ3に入るウドカン銅山や、世界最大級の埋蔵量とされる鉄鉱山の一つを持っているのです。

さらに彼は、ロシア第2の携帯会社メガフォン、ビデオゲーム会社、『コメルサント』紙、音楽チャンネルやスポーツチャンネル、ディズニー・ロシアなども所有（テレビからは17年末に撤退）。07年から英名門アーセナルFCの株を買って所有を試みたようですが、18年に30％を超えたところで諦めたのか、売却して撤退しました。

米『フォーブス』誌によると個人資産は22年に115億ドル。ウクライナ侵攻でEUなどから制裁されたことには、「この決定は不当だと考えている。制裁の根拠は捏造で、私の名誉・尊厳・ビジネス上の評判を傷つける根拠のない告発だ」と、憤然と抗議し、再訴《さいそ》。「有罪判決は不当。証拠は捏造《ねつぞう》」との最高裁判決を勝ち取りました。後押ししてくれたのは、ウズベキスタン大物マフィアのラヒモフとガスプロムのヴャヒレフという奇妙な組み合わせの二人。逮捕・投獄された若者は父たちの権力闘争に巻き込まれた——父を失脚させるため息子の不祥事がでっち上げられた、ということだったようです。

プーチンは大統領になる前からガスプロムに注目。ウスマノフから情報を仕入れて同社の〝プーチン化〟を狙いました。ウスマノフはプーチンの求めに見事に応えたのです。01年にヴャヒレフCEOが辞職を申し出ると、プーチンは喜び、後任に忠実な部下のミレルを任命しました（190ページ参照）。ミレルのガスプロムをずっと支えつづけたのがウスマノフです。その見返りとして、ウスマノフのメタロインヴェスト持株会社にガスプロムの子会社などが売却され、便宜が図られていったわけです。

Q36

研究や趣味から出発し、政治から距離をおくオリガルヒたちとは？

――政治から距離をおいて権力争いとは無縁。反プーチンとまではいえないが、積極的なプーチン支持でもない。――そんなオリガルヒとは？

A

何人かいます。**学者や研究者が、自分の研究成果を世に出すため起業し、会社を成長させて儲ける。**あるいは、**自分の専門分野で投資会社をつくり、国有ボロ会社の吸収・統合を繰り返して巨大化させ、大儲けする。**さらに、**その企業の株式を政府やほかのオリガルヒなどに売却して巨額の富を得る、**といったケースです。

ヴェクセリベルクは、57年ウクライナ生まれで、海軍設計研究所に長く勤めたのち、90年にジョイントベンチャー「レノヴァ」を設立。アルミニウム・石油・建設・テレコム・金融などを手がけるコングロマリットへと成長させました。

英BP社と組んで西シベリア・チュメニ原油を生産・精製・販売する「TNK－BP」

の大株主で、同社は13年に国策会社ロスネフチが買収。ロシアの〝シリコンバレー〟の仕掛け人でもあります。彼の資産は最大で180億ドルと見積もられたこともあり、米『フォーブス』誌によれば21年に93億ドルです。

美術品収集が趣味のヴェクセリベルクは、かつてロシア皇室御用達のイースターエッグ「ファベルジェの卵」をアメリカで7つ購入し、ペテルブルクに博物館を創設しています。政治から距離をおくとはいえ、18年にはウクライナの状況に影響したとして米財務省から、本人もレノヴァ・グループも制裁されていますが。

物理系大学や大学院に学んだアブラモフは、ソ連科学アカデミー高温研究所に務め、92年に学生仲間とエヴラスメタル（のちエヴラス・ホールディングス）という会社を設立。破産しかけたロシアの冶金工場から始めて製鉄所・鉱業会社などを次々と入手。中国の製鉄会社の支配権を握るなど海外展開もして、巨額の富を得ていきました。

Q37 ウクライナ侵攻に黙っていられないオリガルヒもいる？

――プーチンに対して批判的な発言をする人間は、どのような立場にあろうとも排除されてしまうのでしょうか？

A

ロシア有数の大富豪でもウクライナ問題に沈黙していられず、プーチンへの直接的な批判こそしませんが、「このままではダメだ」と意見表明する人はたくさんいます。

〝鉄鋼王〟モルダショフがその一人です。65年生まれで工科大学を卒業し、チェレポヴェツ冶金工場に就職。これが製鉄所となり、93年にセヴェルスターリ社（「北の製鉄」の意味）として民営化されると、財務責任者だった彼は、自社株の外部への分散を懸念する取締役に指示され、会社のカネで従業員の持ち株を買って、系列投資会社に集めました。

さらに、その投資会社の株式を自分宛てに発行するという怪しい手法を駆使。96年にセヴェルスターリのＣＥＯとなり、ロシア最大の鉄鋼会社を手に入れたのです。

その後の成長もすさまじい。03年にプーチンの息のかかったロシア銀行に出資（13年に持株シェア6％は第5位の大株主）。04年からアメリカの製鉄所に出資・買収し、工場改築で米政府から融資300億円超を引き出しています。07年にはドイツ旅行会社TUIに出資し、18年時点で世界最大の旅行コングロマリット「TUIグループ」株式の4分の1を所有。08年にロシア銀行などと組んで「ナショナル・メディア・グループ」を設立しました。ボリショイ劇場などに莫大な寄付をしていることでも名が知られています。

米「ブルームバーグ・ビリオネア・インデックス（毎日更新される世界の億万長者500人の順位表）」によると、**モルダショフの個人資産**は22年3月に212億ドル（2・9兆円弱）で**ロシア第2位**。家族資産を含めた米**『フォーブス』誌のランキングでは**、資産291億ドル（4兆円弱）でいままでは**〝ロシア一の大富豪〟**とされています。

モルダショフもウクライナ侵攻で制裁の対象になりました。TUIグループ株は侵攻前にバージン諸島に移動させてあったため、損害は少ないようです。

彼は**「いまウクライナで起こっているのは兄弟の悲劇。ウクライナ人とロシア人が死に**

直面し、人びとが苦難のなかにあり、経済が破綻している。私たちは普通の生活を取り戻せるよう、必要なことをすべて実行しなければならない」と語気を強めています。

Q38 ロシア国内に反プーチンのオリガルヒはいるのか？
——プーチンに批判的なオリガルヒはどうですか？　「七人の銀行家」の3人のようにすでに多くが根絶されてしまったのでしょうか？

A

数はごくわずかですが、**エリツィンを直接知らない世代で、プーチンに真っ向から抵抗するようなオリガルヒも出現し始めました。**

たとえば67年生まれの**オレグ・ティンコフ**。冷凍食品製造・家電ネット販売・レストランチェーン・ビール製造・レコード会社などでマルチに儲け、アメリカやキューバにも進出。07年にはオンラインバンク「ティンコフ銀行」をつくり、そのクレジット親会社「TSCグループ」を率いました。これはロシア第2位のクレジットカード会社です。20年に脱税で米カリフォルニア州から告発され、ロンドンで身柄を拘束されましたが、有罪を認めて税金と罰金を5億ドル以上払い、刑務所行きは免れました（1年の監視付きで釈放）。

彼は12歳ころからロード・サイクリングに興味を持ち、選手となって兵役に出るまで活躍。金持ちになるとサイクリング・チームを所有。サイクリング界に投じたカネは寄付も含めて10億ドルにもなるといいます。21年には彼の資産は47億ドルとされていました。

ティンコフも22年4月、**「ウクライナ侵攻はクレイジーだ。戦争で得るところは何もない。ロシア人の90％は支持していない」**とあからさまにいい、**「ロシアに未来はない。プーチンは権力の座にそう長くは留まっていない」**と断言しました。

彼はTSC株の35％を持っていましたが（58％は浮動株で6・5％を経営陣が所有）、4月末にはこれをオリガルヒのポターニンに売却。背後にはクレムリンからの強い圧力があり、ティンコフ銀行がポターニン銀行になることを受け入れたわけです。

ティンコフは「クレムリンが私を殺そうとしている」と公言して、ボディガードを雇いました。当局はうかつに手を出せません。すると、プーチンに近いデリパスカがティンコフを提訴しました。ティンコフが自分の銀行で不正な取引をやられたとして「デリパスカは盗人」とインスタグラムに投稿したことを、名誉毀損で訴えたのです。

じつは彼は19年に急性骨髄性白血病と診断されています。20年に骨髄移植手術を受け、3年近い治療で白血病はなんとか克服しました。死と直面して肝が据わっているのでしょう。プーチンも含めて、もう怖いものは何もないと言っていたようですが、22年10月にはインスタグラムにロシア国籍放棄を決断したと投稿し、「平和な隣国と戦争を始め、罪のない人びとを毎日殺害するファシスト国家とは付き合えない」と述べました。いまはロンドンに住んでいます。

65年生まれでモスクワ金融研究所（政府下部機関の大学）を出たプロホロフは、国際経済協力銀行をへて93年からオネキシム銀行の取締役会長（頭取はポターニン）。プロホロフはポターニンと組んで鉱業方面に注目し、国有企業の民営化にともなってノリリスク・

ニッケル社などを買収しました（持株会社インターロスが各社を所有し、オネキシムが財務を管轄）。01～08年にプロホロフが会長だったノリリスク・ニッケルは、金鉱を立て続けに買収して金採掘会社ポリウス・ゴールドを立ち上げています。

ポターニンとプロホロフは、07～09年に事業を分割しました。プロホロフは自分の投資ファンドとしてオネキシム・グループを新たに所有。ノリリスク・ニッケル株式をポターニンに、アルミのルサール株式をデリパスカに売る一方、鉱業・冶金会社インタージオや保険会社のソグラシエを支配して、オリガルヒの仲間入りをしたのです。米『フォーブス』誌によると21年の資産は114億ドルです。米バスケットチーム「ブルックリン・ネッツ」を持っていたことがあります（19年までに23・5億ドルで売却）。

プロホロフは11年には中道右派政党に参加して政治活動を始め、12年3月のロシア大統領選挙への立候補を表明。反プーチン派として戦ったものの、得票率は8％に届かず3位でした（63・6％超のプーチンが当選し、2位は17％超のジュガーノフ）。同年6月には「市民プラットフォーム」党を結成して党首となり、10月には事業からの引退と政治への専念を表明しています。彼はクリミア併合にも反対しました。

ウクライナ侵攻で、とくに動静は報じられていませんが、依然としてオリガルヒの地位は保っています。

Q39
海外で「ロシア反戦委員会」を結成してプーチン批判をするオリガルヒは？

――腹を括《くく》ったティンコフでも亡命しましたが、プーチンに批判的なオリガルヒは、だいたい海外にいるのでは？

A

やっぱり、命には替えられませんからね。

ペルミ医学研究所で教えていた両親のもと、66年に生まれたリボロヴィエフは、90年にペルミ医科大学を卒業。インターン時代に磁気療法のマグネティックス社を父と一緒に興して稼ぎ、92年に投資会社を設立。民営化された**ロシア最大のカリ肥料製造会社ウラルカリ**に投資して、94年に取締役となり、00年には最大株主となってオーナーに。

ところが、06年に大規模な事故が発生しました。ベレズニキ市にあったもっとも古い鉱山で塩水が大量に噴出して氾濫。鉱山は放棄され、高価な採掘設備が失われました。数十年にわたる採掘で、一帯では大規模な陥没・地盤沈下・塩水の噴出や氾濫などが繰り返し発生。これは世界各地のカリ鉱山で珍しくありませんが、06年の事故は当時の埋蔵量や資本の2~3割を失う規模で、住民移転や鉄道の敷き直しが必要でした。

そこで政府は、首相セチン（当時）がプーチン大統領の意向で調査を主導し、ウラルカリの財政的な責任を追及。同社は自発的に3億ドルを拠出しています。もっとも07年には、ウラルカリはロンドン証券市場で新規公開株の発行に大成功。さらにカリウム価格の世界的な高騰で、ウラルカリは莫大な利益を得ました。

その後もウラルカリでは事故や河川汚染がしばしば発生。クレムリンから強い圧力がかかった結果か、リボロヴィエフは持っていたウラルカリ株式の53%を10年6月にプーチンに近しいケリモフら3人の実業家に売却。翌11年4月に残り10%も売却して、ウラルカリから完全に撤退しました。売却代金は約65億ドルとされています。

リボロヴィエフは、そのカネでキプロス銀行（同国最大の銀行）の株式を10％近く購入すると発表。その後ロシアを出てモナコに移り住みました。モナコでは11年にＡＳモナコ（サッカークラブ）の3分の2の株を買ってオーナーとなっています。

ウラルカリがどうなったかというと、ケリモフは株式をオネキシムに売り、それを買い取ったオリガルヒのマゼピンが引き継ぎました。社長はプーチンのドレスデンでのＫＧＢスパイ仲間チェメゾフです。**プーチンは結局、ウラルカリの乗っ取りを狙ってまんまと成功した**わけです。

08～12年にプーチンと首相職を交代したメドヴェージェフ大統領が、汚職撲滅で得点稼ぎを狙ったとき、でっち上げの違法取引や運送業者誘拐で逮捕されそうになったのが、ロシア最大の携帯小売業者チクヴァーキンです。

74年生まれの若い彼は、モスクワ経営大学を卒業し、モスクワ蚤《のみ》の市で稼いだあと、97年に幼なじみと携帯小売会社ユーロセットを設立。独創的でド派手な広告展開で、瞬く間にロシア最大の会社に育て上げました。06年ごろにはロシアやベラルーシはじめ旧ソ連圏に5000以上の店舗があり、ロシアの携帯小売市場の4割近くを占めていました。

しかし、当局に目を付けられ、チクヴァーキンとパートナーは、08年9月にユーロセット社の全株式をオリガルヒのマムートが持つ投資会社に売却。チクヴァーキンはイギリスに逃げ、12年にはロンドンで高級ワイン会社を設立しています。金持ちが空港へ向かう途中店に寄り2万ドル以上払ってワイン40本を注文し、夕方プライベートジェットで海外の別荘に出かけると、翌日か翌々日にワインが配達される――そんな優雅な店だそうです。

チクヴァーキンは14年のクリミア併合を批判。ウクライナ侵攻の直後には、ホドルコフスキー、チェスのカスパロフ、元首相のカシヤノフらとともに「ロシア反戦委員会」をつくりました。「この戦争は正気を失った独裁者によって始められた。この血なまぐさい戦争に抵抗するために設立された」と、設立時に宣言しています。

63年アゼルバイジャン生まれのカスパロフは、10代でチェスのジュニア世界チャンピオン、85年に世界チャンピオンとなって15年間トップに君臨。史上最高のチェスプレーヤーとされ、05年に引退しました。96~97年にIBMのチェス専用コンピュータ「ディープ・

ブルー」と対戦した〝人類代表〟としても知られています（96年は勝ち越し、翌年僅差で負け越し）。

引退前から民主化運動・市民運動に関わっていたカスパロフは、プーチン政権の嫌がらせが激しくなると、08年大統領選への立候補を目指すなど政治活動を本格化しました。07年秋に無許可集会に参加した容疑で逮捕されると立候補は断念。10年には「プーチンは去らねばならない」という反プーチン・キャンペーン（オンライン署名活動）に参画。13年には「ロシアには戻らない。国際舞台でクレムリンの犯罪者と戦いを継続する」と宣言し、アメリカやクロアチアを拠点にプーチン批判を続けています。

カスパロフは、15年の著作『冬が来る』では、**ウクライナ東部への侵攻は始まりにすぎない、とロシアのウクライナ全体の侵攻を警告。アメリカをはじめとする西側の優柔不断を厳しく批判しました。**

Q40

自殺・他殺・事故死？――つぎつぎ姿を消したオリガルヒとは？

――22年以降、オリガルヒの自殺や殺害が疑われる不審死が頻発しています。いったいどうなっているのですか？

A

ウクライナ侵攻前後から、たしかに**オリガルヒたちが異様な頻度で不審な死を遂げています。**当局が〝自殺〟と発表したケースが多いですが、明らかな殺人事件もあります。自殺か他殺か、あるいは事故死かはさておき、死亡したオリガルヒは石油・ガス会社のトップが圧倒的に多いのです。怪しい事件を列挙しましょう。

●22年1月30日　シュルマン（ガスプロム・インベスト社の輸送部門責任者）

レニングラード地方ヴィボルグスキー地区レニンスキー村の別荘の浴室で死亡していた。浴槽は出血で赤く染まり、事務用ナイフと家族あてのメモも見つかった。足が悪く普段からイリザロフ器具（矯正具）をつけていた。

●2月25日　チュラコフ（ガスプロムの元副CEO）

ペテルブルク郊外の別荘で首を吊った状態で発見され、当局は自殺と発表。前夜に暴行されるのを見た証言者がいるとの報道もあった。会社関係者は現場に立ち入りができなかった。ガスプロムのカネの流れに詳しく、ガス代金の支払い方法はルーブルでもよいとの方針を打ち出した中心人物で、プーチンとも親しかったオリガルヒ。

●2月28日　ワトフォード（ウクライナ生まれの石油王）

イギリスのサリー郡にある豪邸のガレージで首を吊って死んでいるのを庭師が発見。ウクライナの石油精製事業で富を築き、イギリスに移住して不動産会社を設立していた。

●3月22日　メリニコフ（医療機器会社メッドストム社取締役）

妻と子ども二人が刃物で惨殺され、本人は首動脈を切って死亡していた。当局は殺人の可能性も考えたが、従業員に「母と同じ場所に埋葬してほしい。鍵は敷物の下にある」などとメッセージを送っていたとされ、ルーブル下落を悲観した無理心中といわれている。

●4月18日　アヴァイエフ（ガスプロムバンク副社長）

モスクワのマンションでピストルを握り、死亡していた。妻と娘も射殺され、ベッドに横たわっており、当局は二人を殺害後に自殺と発表。使われた拳銃はＦＳＢしか使わない威力のあるものだった、との話がある。

●4月19日　プロトセーニャ（97～15年にノヴァテク副社長）

ふだんはフランスの豪邸住まいだが、スペイン・バルセロナの別荘の庭で首を吊って死んでいるのが発見された。妻と娘は斧で殺害され、建物内でベッドに寝かされていた。斧は本人の遺体のそばにあった。服に血が付いていないのが不自然で、無理心中なのか殺害なのか地元警察が戸惑っている、との情報もある。天然ガスのノヴァテクはガスプロムに次ぐロシア第2か第3の生産量で、プーチンの会社ともいわれている。

●5月8日　サブボティン（石油会社ルクオイル元CEO）

しばしば訪れていたモスクワ近郊のシャーマン（呪術家）夫妻宅の地下室で死亡。ブードゥー教の儀式として、腕の切り込みに〝ヒキガエルの毒〟をたらし、アル中と麻薬中毒の施術がおこなわれた。嘔吐したため〝心臓のしずく〟を飲まされて寝かされ、そのまま冷たくなっていたという（ルクオイルについては123ページ参照）。

●7月4日　ヴォロノフ（海運会社アストラシッピング創業者）

レニングラード地方ヴィボルグスキー地区サンズ村にある自宅プールで、頭を銃で撃たれて死んでいた。輸送・物流会社アストラシッピングは、北極圏におけるガスプロムとの契約を専門としていた。

●9月1日　マガノフ（ルクオイル会長）

すでに指摘したように、前々日にゴルバチョフが死亡した同じモスクワ中央クリニック病院の6階から転落死。心臓発作をわずらって抗うつ剤を服用しており、〝飛び降り自殺〟したとされるが、〝投げ落とされた〟という見方もある。

●9月10日　ペチョリン（極東北極開発公社の航空産業担当マネージング・ディレクター）

ウラジオストクに近いルースキー島付近で乗っていた船から転落死。極東・北極圏のエネルギーや鉱物資源を開発するプーチン・プロジェクトを任され、プーチンも出席した東方経済フォーラムで基調講演をしたことのある人物。

キリがないのでここまでにしておきましょう。

死亡した理由は、メンタルをひどく病んだ、ウクライナ侵攻で将来を絶望、マフィアがらみの抗争などでしょうが、〝処刑〟されたケースも含まれるかもしれません。

プーチンに追われている米投資家ブラウダーは、**「裕福なロシア人が疑わしい状況で死亡しているのを見たときは、いつでも最悪の状態を想定すべきだ」「それらは殺人で、ロシア当局の主張する〝自殺〟そのほかの説明と違う可能性が高い」**といいます。

ガスプロムに16年、ガスプロムバンクに6年勤めて、つい最近まで副社長だったヴォロビュエフは、「アヴァイエフは自殺なんかではない。自殺は偽装だ」と主張します。ウクライナ生まれの彼はロシアの侵攻を見て、祖国へ戻り、郷土防衛隊に入って戦おうと決意。22年3月2日に会社に辞表を出し、ロシアのパスポートしか持っていなかったものの、なんとかキーウにたどり着いた、と米CNNに語っています。「これはプーチン、ロシア当局、そして実のところロシア国民の犯罪である」と断言しています。

Q41 妻が言った「プーチンはヴァンパイア」の意味とは？

——プーチンの妻や娘はじめ周辺の女性たちは、どのように生きてきて、いまどうしていますか？　なかにはオリガルヒもいるのでは？

A

プーチンをめぐる女たちは、妻と娘二人のほか、愛人も何人か知られています。オリガルヒといえる人物もいますし、下の娘は有力オリガルヒの息子に嫁ぎました。

まず、妻リュドミラの話から。96年プーチンがモスクワで大統領府総務次長になってもリュドミラは、不満で不安でした。そんな気を紛らわそうとしてか、プーチンは彼女を電話投資会社テレコムインヴェスト(私企業)のモスクワ代表にしました(98～99年)。といっても社員はリュドミラ一人。電話連絡や日程調整などをするだけの、体《てい》のいい個人秘書です。

ところが、個人秘書ならまだましだったのです。オリガルヒのフリードマンがよく電話をかけてきました。彼は電話投資会社を使って独コンメルツ銀行でマネーロンダリングをやっていた、とドイツの新聞がのちに暴露しています。同社はペテルブルク市庁でプーチンが認可し、ネットワークをモスクワからロシア全土へ広げようとしていたオリガルヒ御用達の電話投資通信会社。00〜12年に通信・情報相だったレイマンがロシア全土に創設・拡大し、自らも利用していました。彼は個人資産10億ドル以上とされたオリガルヒで、プーチン大統領の顧問も務めています。何も知らなかったのはリュドミラだけです。

国営の電気通信会社スヴャズインヴェスト社が、モスクワ中心部にあるヴォルコンスキー邸に置かれました。『戦争と平和』の作家トルストイの祖父が所有したこともある歴史的な建物で、小説にも出てきます。ここにリュドミラの事務所が置かれたのです。00年にはリュドミラが代表、ペテルブルク大学ヴェルビツカヤ学長が理事を務める財団「対人コミュニケーション開発センター」（ＣＤＩＣ）も創設されました。

さらにプーチンは由緒ある建物の改築を命令。歴史の冒涜《ぼうとく》、文化の蔑視だという政治家や文化人らの反対は無視され、2階建てが4階建てに。ビルには銀行などお堅い店舗から寿司レストランやハンバーガー屋までが入居し、そのビルの所有者はいつの間にかCDICになっていて、年300万～400万ドルの賃料がリュドミラの個人会社に入ります。プーチンは妻に財産を持たせようとしたのでしょうが、リュドミラにすれば恥の上塗りでした。

CDICは、8年がかりでロシア語の正しい発音や綴りを研究し提案しましたが、これをプーチン大統領はあっさり拒否。独仏英語にスペイン語もできる言語研究者リュドミラや言語学の大家ヴェルビッカヤ学長の面目は、まるつぶれとなったわけです。

プーチンは単なるロシア語の研究ではなく、後に指摘するように、ロシア語、ロシア正教、ロシア文化などを普及する「ルースキー・ミール」（ロシア世界）をつくり、それをウクライナはもちろんのこと、世界に広めようとしていたのです。

妻リュドミラはプーチンを「ヴァンパイア」（吸血鬼）と言っています。仲よしのドイツ人女性で、のちに回想記『もろい友情』を書いたアイリーン・ピーチに漏らしたのです。

愛する人の生き血まで吸ってしまうような冷酷な人、とでもいう意味でしょうか。

ベッドでリュドミラが凝っていた占星術の話をすると、プーチンは「黙ってくれ」と遮りました。彼女と夫の距離が広がったのは、プーチンが嬉々としてFSB長官に就任したころかもしれません。KGB嫌いの妻にプーチンは適当に調子を合わせていたのでしょう。「あれほどKGBを嫌っていて辞めたじゃないの」というリュドミラに、プーチンは「そんなこと誰が知っているんだ」と怒りだしました。さらに「君のたわごとなんか、誰が信じるものか」といったそうです。

「独身のような生活」と自ら称する夫が、首相や大統領となっていく。妻リュドミラは式典のたびにファーストレディとして駆り出され、つくり笑顔でカメラに収まらなければいけない。だんだん憂鬱になり、夫は「ヴァンパイア」との思いも強まって、彼女はあまり人前に出なくなりました。結局、次女が結婚した直後の13年6月、夫妻は国立クレムリン宮殿でバレーを観た幕間《まくあい》にカメラの前で離婚を発表。**14年に正式離婚したリュドミラは翌15年、57歳で富豪オチェレトヌイと再婚**しています。夫は当時37歳で、20歳も年下でした。リュドミラは、再婚でようやく救われたのかもしれませんが、ウクライナ侵攻で22年4

月、娘たちとともに経済制裁の対象となりました。「プーチンの好みによって豪華な生活スタイルをエンジョイしている人は制裁ターゲット」（英トラス外相。のち一時首相）なのです。

Q42 プーチンの長女は何をしているのか？

——プーチン家は、長女マリアと次女カテリーナの二人娘でしたね。プーチンは娘の話をほとんどしないようですが、彼女たちのその後は？

A

プーチンは「娘たちがどんな職業に就き、何をしているか、いったことがないし、今後もいうつもりはない。いくつかの理由で。身の安全もふくめて」と、15年に会見で語っています。

姉マリア（偽名マリア・ボロンツォワ）は、ペテルブルク大学で生物学を専攻し、モスクワ大学基礎医学部を出た医学博士です。保健省付属の内分泌研究センターでも研究に没頭した小児内分泌疾患の専門家で、遺伝子学者として国の遺伝子研究プログラムも指揮。報道によれば最近、ソガス国際医療センターの医師として働いています。プリゴジンのワグネル民間軍が負傷すると、ここに入院して治療を受けるのです。いわばプーチンの民間医療施設です。

マリアはガスプロムバンク幹部のオランダ人ファッセンと、08年夏から同棲。のち結婚して夫の故郷西オランダに住み、12年8月には男の子が生まれ、プーチンは初孫誕生でおじいちゃんに。じつはファッセンの父はNATO大佐でしたが、プーチンはこのことをずっと知らず、お忍びでオランダに寄ったときにわかって愕然としました。

クリミア併合でウクライナ東部の戦闘が激化した14年7月、アムステルダム発のマレーシア航空機が撃墜され、乗客乗員298人全員が死亡する事件が発生。ロシアは関与を否定したものの、英民間調査集団ベリングキャットが、ロシア軍の対空ミサイルで撃墜されたと結論づけました（ベリングキャットは「誰が猫の首に鈴をつけるか」というイソップ物語のネズミの相談にちなんだ名前で、公開情報を分析して真実を暴く手法で知られます）。オランダ人死者が１９３人もいたのでロシア批判が沸騰。住民の追い出し運動で、マリア一家は15年にモスクワに逃げ帰っています。17年には次男が生まれました。

22年にはマリア夫妻の離婚が判明しましたが、元夫はプーチンから別に嫌われていないらしく、ガスプロムの上級幹部を続けています。マリアは子連れでよくイタリアのサレルノを訪問。19年ころから天然ガス会社ノヴァテクに務める５歳年下の恋人ナゴルヌイと、同棲のような生活をしているようです。

22年４月には、37歳の誕生日記念に彼と海外旅行を計画したところ、「娘が海外へ亡命するのでは」と心配した父プーチンが事前に阻止。父と娘は大げんかして、マリアは旅行用ビザで出国してしまいました。

Q43 もう一人の娘、次女は何をしている？

——姉マリアより妹カテリーナのほうがハデな生き方をしてきたようで、メディアへの露出が多いようですね？

A

妹カテリーナ（偽名カテリーナ・チホノワ）も、姉と同じペテルブルク大学に進み、こちらは東洋学を勉強。途中アクロバット、ロックンロール、ダンスにのめり込んで、13年の世界選手権では5位に入った程の実力の持ち主です。

その後、アスリートや宇宙飛行士の運動能力を数理学的に研究し、AI（人工知能）に注目するような論文を書き、モスクワ大学で博士号を取得。大学では、国立知的財産センターや国立知的開発財団を統合した運営体イノプラクチカのいずれをも率いています。**モスクワ大学が市と組んで、風光明媚《ふうこうめいび》な雀が丘一帯を〝科学技術の谷〟とする大規模プロジェクト（総事業費21億ドル以上）も進んでおり、カテリーナはそのコンセプトづくりの責任者です。**

これらには、石油のロスネフチ、石油パイプラインのトランスネフチ、原子力のロスアトムなどから巨額のカネが投じられています。いずれも当該分野で世界最大の企業で、プーチンの強固な支配下にあることはいうまでもありません。なにしろモスクワ大学の評議会議長がプーチン大統領なのです。

カテリーナは13年2月、オーゼロ（湖）組（１９２ページ参照）オリガルヒのシャマロフの末息子キリル・シャマロフと結婚しました。彼もオリガルヒで、ガスプロム、ガスプロムバンクなどで勤務し、08年からロシア最大の石油化学会社シブルの副社長。結婚式はプーチンお気に入りの小さなスキーリゾート・イゴラでおこなわれ、新郎新婦は白馬３頭が引くそり（トロイカ）で登場したといいます。

プーチンが出した結納金は、シブル株式3億８０００万ドル分。儀式にのっとり新夫キリルは、１００ドル紙幣1枚を返納、やがて一年以内にガスプロムバンクから10億ドル以上の融資を得て、プーチンの親友ティムチェンコからシブル株を安く買い取っています。夫の父シャマロフは結婚式の費用３７０万ドルを出し、仏バスク地方ビアリッツにあるプール付き4階建て別荘を新婚夫婦にプレゼント。これもティムチェンコが持っていた550万ドルの物件です。

結婚5年後の18年に夫婦は離婚してしまいましたが、ときどきビアリッツを訪れています。母リュドミラが再婚したオチェレトヌイも相当の金持ちで、別荘から数キロの場所に別邸があり、一緒に買い物する母娘の姿が住民に目撃されています。

離婚したカテリーナは、独バイエルン国立バレエ団の芸術監督だったダンサーと親密な仲となりました。彼の名はイーゴリ・ゼレンスキーという69年生まれのロシア人で、〝ロシア連邦人民芸術家〟。二人はミュンヘンで同棲し、すぐ女の子が生まれました。プーチンの孫娘です。新しいパートナーは奇しくもウクライナ大統領と同じ名前です。

二人の娘が立派な肩書を持ったのは、もちろんプーチンの権力と金力のお陰ですが、まともな人脈による助けもありました。レニングラード国立大学教授から市長になったサプチャークもそうですが、19年に死去するまで25年間サンクトペテルブルク国立大学（91年に名称変更）学長・総長だった言語学のヴェルビツカヤ教授もその一人です。**プーチンの娘たちはそれぞれ偽名を使い、苗字の「プーチンナ」を使っていません。**これは身の安全を考えたヴェルビツカヤ教授のアドバイスでした。

Q44 プーチンには何人の愛人がいるのか？

――「どんな女性がお好みですか」と記者が聞くと、プーチンは「私はロシアの全女性が好きだ」と即答したとか。プーチンの女性関係は？

A

アリーナ・カバエワなる83年生まれ――ということはプーチンが結婚した年に生まれた女性が、プーチンと非常に親密な関係にあるとされています。

新体操選手で00年シドニーオリンピック銅、04年アテネオリンピック金（01～02年はドーピングで出場禁止）に輝いた〝ロシアの英雄〟です。01年の東映50周年記念映画『赤影』に、女忍者「くノ一」のような役で出たこともあります。大統領と婚約とのニュースが流れた08年、カバエワ25歳でプーチン56歳。プーチンは一切否定し、カバエワもノーコメントでしたが、以来彼女は**「秘密のファースト・レディ」**とささやかれてきました。**09年に男の子を、15年に女の子の双子を、19年に男の子を産み、4人の子持ち**と報じられていますが、いまいちはっきりしません。

はっきりしているのは、カバエワが、07〜14年にプーチンが率いる統一ロシア党所属の下院議員となり、その後は今日まで、ロシア銀行傘下で政府を代弁する巨大メディア・コングロマリット「ナショナル・メディア・グループ」の総裁を務めていることです。

彼女は、タジキスタンでサッカー選手から実業家となり国際イスラム・ビジネス協会長を務める父親ともども大金持ちですが、「個人的な関係でプーチンを過度に刺激してはまずい」と、ずっと制裁の対象になりませんでした。しかし、ウクライナ侵攻では「プーチンとの個人的な関係」こそが制裁の理由。カバエワは5月イギリスに、6月EUに、遅れて8月アメリカに制裁を受けています。スイスで暮らすカバエワの祖母アンナ・ザチェピリナも制裁を受ける身のようで、現地では「国外追放」の署名が集まっています。

20歳でミス・ロシアに選ばれたヴィクトリア・ロプゥレワも、プーチンの愛人とされています。83年生まれでカバエワと同い年。18年サッカーW杯ロシア大会で公式大使を務めたときに知り合い、しばらく付き合ったようです。恋多き女性です。

身長177センチとプーチンより13センチも背が高いグラマラスな女性で、女優、モデル、テレビのホストなどに引っ張りだこの有名ブロガーでもあります。

アメリカで摘発された美人スパイのアンナ・チャップマン（82年生まれ）もプーチンと親密だったようです。父が在ケニア大使館勤めのKGBで、幼時から英語に親しみ、ロシア人民友好大学を卒業後、ロシア対外情報庁に採用されて渡英。航空会社やヘッジファンドに勤め、イギリス人と結婚して英国籍を取り、5年後に離婚しています。夫の姓をもらい、アンナ・チャップマンになりました。その後、米ニューヨークのウォール街で不動産会社をやっていました。

彼女は、目立った諜報活動をせず、必要なときだけ活動する〝スリーパー・エージェント〟でした。貴重な情報をもたらしてくれそうな男と関係する〝ハニートラップ〟で、オバマ政権高官を陥れようとしたのです。

10年にＦＢＩがチャップマンを逮捕すると、米メディアは「赤毛の美女スパイ」「現代のボンドガール」と一斉に書きたて、日本でも「美しすぎる女スパイ」と大騒ぎに。米バイデン副大統領もテレビで、真面目な顔をして「(彼女の) ロシアへの送還は私の考えではありません」なんていっています。

米ロのスパイ交換協定で、服役中の参謀本部情報総局ＧＲＵ大佐 (西側についた二重スパイ) と交換取引きで帰国した彼女は、大歓迎するプーチンに夕食に招かれ、一時テレビや雑誌に出ずっぱりでした。のちに統一ロシア党青年部のリーダーになっています。

プーチンの子を産んだとされる愛人にも触れておきましょう。

スヴェトラーナ・クリヴォノギフは、75年ペテルブルク生まれ。飲んだくれの父を亡くし、ペンキ塗りをする母と二人食べていくのがやっとの貧しい少女時代でした。近所の店で掃除の手伝いをして働き、たくましく育った彼女は、ペテルブルク大学の国際経済関係学部に入学。学生時代からプーチンと付き合い、00年に卒業しています。

彼女は学生時代からプーチンの仲間と知り合い、ロシア銀行やガスプロムへの投資や、ロルドゥギンやプリゴジン（207／210ページ参照）に頼んでマネーロンダリングをやっていました。いまは資産20億ドル（2700億円）のオリガルヒ。ペテルブルク、モスクワ、ソチなどに邸宅、モナコに400万ドルのマンション、スイスにシャレー風の山小屋を持ち、不動産価格だけでも1億ドルを下らないと見られます。ウクライナ侵攻で当然、制裁の対象です。

スヴェトラーナが03年に産んだ女の子が、ペテルブルクの女子大生でありながら、モスクワでDJ、モデル、デザイナーなどとして活躍するルイザ・ロゾワです。

本名はエリザヴェータ・ウラジミロフナ・ロゾワ。真ん中の「ウラジミロフナ」は父姓でウラジーミルが認知したことを示し、つまり、**プーチンの娘**です。

「元掃除婦と秘めた恋の子」と書き立てた新聞もあります。実際、顔がプーチン似で、英ブラッドフォード大学ウガイル教授のコンピュータ画像解析では、二人の顔は70％以上も一致したとか。プーチン似といわれるとルイザは、「それが何だっていうの。似ている人なんて世の中にわんさかいるでしょ」と、平然と言いかえすそうです。

上院議員（日本の参議院議員にあたる）のエレーナ・ミズーリナは、ロシアがウクライナ領の一部であるクリミアに侵攻した14年の11月に、**こんな演説をしています**（当時下院議員、日本の衆議院議員にあたる）。

「これからの女性には、プーチン大統領の精子でどんどん子どもを産んでいただきたい。大統領を父親とする赤ちゃんを産めばその子には愛国心があるわけですから、軍事や政治のエリートになり、ますます（ロシアを）強くしていくことでしょう」

まるでジョークのようですが、彼女は真顔でした。**「プーチン大統領の精子バンクを設立し、申し込んでくる女性にはその精子を郵送する。大統領の遺伝子を受け継いだ子を妊娠し、産み、育てることになった女性には国家の特別手当を支給、赤ちゃんを順調に育てるために特別な寄宿舎に集め、専門の教育を受けさせるなど、政府としてしっかり支えて**

いきましょう」と、述べたというのです。

ミズリーナは議員だけでなく大学で法律の特任教授（法学博士）を務め、夫も法学の教授、その息子もベルギーで国際弁護士をやっています。しかも議会では「家族、女性と子どもの問題」委員会の委員長までやり、10年にはヨーロッパの「世界家族会議」から表彰されました。アメリカやカナダはこの大学教授で下院議員を、クリミア併合と同じ14年に、いち早く制裁を科しました。

この計画は一向に具体的にはなっていませんが、プーチンの妻や娘たちはミズリーナの演説をどのように受け止めたのでしょうか。当時かなり反響があったので、耳に入っているはずです。

Q45

プーチンの親戚たちは、みんな大富豪なのか？

——ロシアで強大な権力を持つプーチンの一族に、富も集まってくるのは必然のように思えますが、実際のところは？

A

〝資産だけ〟見れば、ロシア銀行や保険会社ソガスを駆使してオリガルヒ入りしたプーチンのいとこ（母方）がいます。68年生まれのミハイル・シェロモフです。

シェロモフは、09年にはロシア最大の国営海運会社ソフコムフロートのペテルブルク事務所で働いていました。15年後にわかったことですが、02年6月に投資会社アクセプトを設立していました。これは形のうえでは彼一人しか関係していない会社。ウェブサイトもなく、巨大企業の株式を持つほかは、とくに商業活動をしていません。

アクセプトは19年時点で、**プラチナム社**と、ソガス保険系列の不動産会社ソガス・リアルエステートを所有していました。アクセプトとプラチナムは、ロシア銀行株式を合計8・4%持っていますから、シェロモフはロシア銀行の大株主でもあります。

じつはプラチナムという会社は、アクセプトが所有する直前、ロシア銀行の最大の債権者の一つだったのですが、銀行は40億ルーブル超の借金をすぐ全額返済。その後シェロモフはロシア銀行の保有株式を増やしています。

また、プラチナムは、黒海北東岸にある名高い温泉保養都市ソチに、保養所や別荘、広大な土地を持っていました。ソチが14年冬季オリンピックの開催地と決まった07年以降は、〝連邦特別計画〟で巨額の国家予算が投入され、大規模開発・整備が進みました。請け負い業者はローテンベルク兄弟（201ページ参照）の総合ゼネコン会社などです。

アクセプトは、01年の大統領令で整備が始まったペテルブルクの国立複合施設「議会宮殿」の建物を、08年まで共同所有していました。これはコンスタンティノフスキー宮殿を中心に、広大な公園・交渉パビリオン・プレスセンター・ホテル・要人用コテージなどが配置された巨大複合施設。ロシアを訪れた各国首脳はここに泊まって会談や会議に臨みます。13年のG20では、三菱自動車の電気自動車70台が、オフィシャルカーとして施設内を走り回りました。

ところが、大統領のいとこはペテルブルク郊外の広いアパートに住んでいても、大豪邸や巨大ヨットの類いは持っていません。保有資産からは到底考えられない、異様に慎ましい暮らしを送っています。彼の会社が所有する巨大企業は、プーチンやその仲間たちの便利屋。ようするにアクセプトやプラチナムは、**彼らの資産を管理したり増やしたりするプール会社、トンネル会社**なのです。絶大な役割を果たしてきたシェロモフは、表向きは海運会社の平凡なビジネスマンにすぎません。仕事からすれば、年収は1万ドルに達しない額のはずです。だから長い間、誰からも目をつけられませんでした。

彼の〝真のビジネス〟が明るみに出たのは、世界のジャーナリストを束ねるNPO「組織犯罪および汚職報告プロジェクト」（OCCRP）が調査結果を公表した17年以降です。OCCRPは、在ロシアの協力ジャーナリストが外国エージェントと認定されて失職したり、あるいは協力メディアがいかがわしい反政府組織と認定されて潰されたりすることから、21年9月にロシアでの活動を停止してしまいました。

Q46 いとこの娘に炭鉱会社、その夫に州知事の地位、は本当か？

――中国や韓国、日本などに石炭を輸出して急成長した炭鉱会社の女性オーナーが、プーチンの遠い親戚と聞きました。どういうことですか？

A

プーチンのいとこの娘アンナ・プーチンは、72年、モスクワ北東250キロのイワノヴォ市で医者の両親のもとに生まれました。彼女も医者になって地元の精神病院に勤め、精神科医と結婚。のち離婚して、モスクワへ出て医療機器ビジネスに従事します。07年には、ウクライナ出身で海軍退役後にペテルブルクで法律事務所を率いていたツイヴィレフと結婚して、アンナ・ツイヴィレヴァという名に。同時に夫は、国際フォーラムに使う複合施設を建設する（と決定済みの）会社を共同設立。**設立パートナーはプーチンの親戚・同級生ですから、つまり結婚祝い**ですね。

夫妻は、ロシア石炭の6割を産出する西シベリア南東部のクズバス地方に関心を持ち、10年ころからケメロヴォ州の炭鉱コルマール社の株を買っていました。これはたんなる投資ではなく会社買収。夫ツイヴィレフは12年に同社取締役副会長、14年に株式の7割を握るCEOとなりました。**資金は当然、プーチンの仲間からもたらされ**ました。

中国やインドで石炭需要が急拡大しましたから、コルマール社は7年で生産量が15倍といった急成長ぶりを見せました。しかし、安全対策が追いつかず、しばしば炭鉱事故を起こしています。

18年3月には、ケメロヴォ市の複合商業施設で、火災から64人（うち子ども41人）が死亡する大惨事が発生。ロシア各地で追悼デモがおこなわれ、施設の社長以下7人が刑務所行きに。プーチンの采配でケメロヴォ州副知事になった直後だった夫のツイヴィレフは、地元で頻発した抗議デモに出向いて市民に謝罪。プーチンは知事を解任してツイヴィレフを知事代行に任命し、彼は同年9月の知事選挙で当選しました。

このとき夫は、自分の所有していたコルマール株式を妻アンナにすべて譲渡。同時にプーチンの親友ティムチェンコから、全体の6割を占める株式がアンナに届けられ、アンナは株式のほとんどを持つコルマール社のCEOになっています。

21年11月、またしてもケメロヴォ州リストバシュナヤ鉱山で爆発事故が発生。53人が死亡すると、激怒したプーチンはツイヴィレフ知事に電話。国家予算でクズバス全体の炭田を整備し、ハバロフスクの川岸まで舗装道路を敷き、船着き場に石炭貯蔵施設をつくり、免税と優遇ローンを与える。だから「立派な地域に仕立てるように」と命じました。

このプーチンのやり方に文句をいう人はなく、地元は感謝感激し、ロシア国民も強いリーダーシップを高く評価します。**結果的にプーチンは、国のカネを使って至れり尽くせりの対応をして親戚を潤わせたわけです。**アンナは22年6月、「プーチンから大きな利益を受けた」との理由でオリガルヒ、ポターニンと一緒にイギリスから制裁を科せられてしまいました。

アンナの兄ミハイル・プーチンも、やはり医者です。イワノヴォ国立医療研究所などを出てロシア保健省に勤務した後、ガスプロムに移ってその医療部門を率いました。

07年以降は、ロシア銀行傘下にあるガスプロム関係法人を主な顧客とするロシア最大の保険会社ソガスの筆頭株主で、副会長でもあります。ロシアの民間医療保険は基本的に法人契約で、従業員や家族は法人を通じて加入しますから、法人契約が数千のソガス保険は、加入者の個人数でロシア最多とされています。

ミハイルは、鉄道王ヤクーニンと組んで、医薬会社バイオサットも設立しています。これはバイオテクノロジー分野の研究開発、インスリンやインターフェロンの生産などをする会社。18年3月からはガスプロムの取締役副会長です。

93年設立のソガス保険は、プーチンの親友コヴァルチュクと妻が32・3%の株式を持つ大株主で、いとこの息子シェロモフもアクセント社を通じて株を持っていました。いわばプーチンの医療保険会社で、ペテルブルクで「ソガス国際医療センター」を経営しています。大家は当然、シェロモフの所有するソガス・リアルエステート。

プリゴジンの私兵部隊ワグネル（210ページ参照）隊員が、リビアやウクライナ東部の戦闘で負傷すると、この病院で無料で治療されていました。もっとも、22年2月からのウクライナ侵攻では、ロシア側の死傷者10万人以上とされ、大勢ペテルブルクに搬送すれば目立ちすぎてしまう。階級や傷の程度で絞って入院させているのかもしれません。

Q47

プーチンの名を利用する親戚は、やはりいるのか？

――プーチンの親戚であることを利用してカネを稼ぐ者もいそうな気がしますが、実際のところはどうですか？

A

53年生まれのいとこ――プーチンの父の弟の息子イーゴリ・プーチンがそんな、あまり喜ばれない親戚です。軍高等学校を出て23年間軍務のあと各地で働き、モスクワでカゼネグロプロム銀行副頭取になったと思ったら、ろくに仕事をせずにクビ。サマラ地方の貯水池工場の会長に雇われたとき、責任者に採用理由を聞くと「クレムリンの仕事でプーチンの親戚がいれば有利だから」との返事。これで、はたと気づき、以後はプーチン大統領の写真を持ち歩いて、自ら売り込みに務めました。

10年9月にはマスター銀行の副頭取になりましたが、12月にいったん辞め、11年3月に取締役として戻っています。さらにロシア土地銀行からもお呼びがかかり、12年6月～13

年11月に取締役でした。イーゴリは日常的な銀行業務の担当ではありません。彼を招いた銀行は、巨大なマネーロンダリング・システムを構築しており、大統領2期のあとロシア首相を務めるプーチンのいとこという〝看板〟〝お守り札〟がほしかっただけなのです。

のちに**「ロシア・ランドロマット」**（ランドロマットはコインランドリーのこと）**と呼ばれた資金洗浄の仕組み**は、こうです。

ロシア土地銀行やマスター銀行をはじめロシアの数十の銀行が、企業やオリガルヒの表に出せないカネ（たとえば国有企業や資産を不当に安く手に入れ、水増しや転売などをした儲け）**やマフィアが違法行為で稼いだカネを、ウクライナとルーマニアに挟まれた小国モルドバの銀行や、バルト三国の一つラトビアの銀行に送金**します。**このカネが世界の銀行の間を、途中にシェル会社**（ペーパーカンパニー）**をかますなどしてぐるぐると回り、やがて引き出されて、ロシアの企業オリガルヒ・マフィアに戻り**ます。

まさにコインランドリーのように回って洗われたカネは、14年段階で200億ドル（当時のレートで2・4兆円）以上。モルドバやラトビア側にも犯罪に関与した者がいて、たとえば架空ローンをでっち上げ、カネをロシア側にわたして蓄財（モルドバの銀行は踏み倒された架空融資額を補填して支払え、という判決を出しまくった裁判官がいました）。

モルドバでは14年、不審な動きを察知した当局が密かに調査し、ロシア当局と相談。しかし、モスクワから来たFSB高官二人はモルドバ側が収集した資料を「精査する」と全部ロシアに持ち帰ってしまい、その後、何の音沙汰もなかったとか。

14年にモルドバから流出したカネは、GDPの十数%に達し、医療品などの物不足が深刻化して、抗議デモも頻発。モルドバの民間銀行の副頭取で国会議員だった富豪のプラトンは首謀者の一人で、妻が09年のミス・ウクライナ。妻の国に逃げて隠れていたところ逮捕され、17年には懲役18年の判決を受けて収監。ところが、どういうわけか、のちに釈放され、21年6月に再審無罪となっています。


こうした資金洗浄の主役だったロシア土地銀行は、マフィアのグリゴリエフが共同所有者で、彼がイーゴリ・プーチンを連れてきたのです。イーゴリはグリゴリエフが持つ建設会社ＳＵ－８８８の取締役でした。グリゴリエフは、モルドバ問題が発覚した翌15年11月に逮捕され、19年に詐欺や横領で9年の有罪判決を言い渡されています。ロシア内務省は「グリゴリエフらのグループは、11～15年にロシアから４６０億ドルを流出させ、５００人以上と約60の銀行が関与した」とし、ロシア中央銀行によると「同時期に７５０億ドル以上が海外で引き出された」といいます。

さんざん調べられたイーゴリは逮捕を免れ、自分の名字プーチンのありがたさを、ますます思い知ったはず。現在はモスクワ郊外の小さなダーチャ（別荘）でおとなしく暮らしているようです。ロシア内務省やＦＳＢは、マネーロンダリングを〝悪徳マフィアの売国行為〟と矮小化することにまんまと成功。マフィアを潰し、一部銀行のライセンスも取り上げましたが、プーチンに近いオリガルヒ、巨大企業、ロシア銀行などは無傷のままです。

ロシア・ランドロマットは、その後、デンマーク最大のダンスケ銀行を舞台とする史上最大のマネーロンダリング事件に発展しました。

ダンスケ銀行のエストニア支店経由で07～15年、ロシアの顧客らの26兆円（約２４００

億ドル、２０００億ユーロ）もの大規模な資金洗浄がおこなわれていたことが判明。エストニア規制当局が07年に問題視し、デンマークのカウンターパートから「毎月数十億ルーブルと推定される資金洗浄の犯罪」の情報が寄せられ、14年にエストニア支店で内部告発まであったのに、銀行は無視。18年９月には同行ＣＥＯが辞任しています。

22年12月には、米司法省の刑事捜査を受けていたダンスケ銀行が、銀行詐欺罪を認めて罰金20億ドルの支払いに同意。米証券取引委員会の民事調査でも、制裁金と不正利得返還金あわせて４億１３００万ドルの支払いに同意しました。

いとこイーゴリの息子ロマン・プーチンは、父親よりうまくやっているようです。父のコネが効くリャザンの軍経営管理アカデミーを卒業。ＦＳＢ将校や知事顧問などをへて14年、起業家支援のコンサルティング会社を英ロンドンに設立（12社の共同所有）。やがて河川輸送のＭＲＴ社をつくり社長に。広大なロシアは道路網が貧弱でトラック輸送のシェアが極端に低く、鉄道やパイプラインへの依存度が高い。そこで河川輸送を近代化し、拡大していこうという狙いです。

彼は米カリフォルニアやバハマに膨大な土地、英ロンドンに別荘、9000万ドルのスーパーヨットを持つオリガルヒで、ロシア・テコンドー連盟会長など社会活動にも熱心。政界入りを狙ってか、20年に「腐敗のないロシア」党を創設。「全ロシア・プーチン支持委員会」もつくっています。汚職まみれの父親がマネーロンダリングの害悪を世界にまき散らしたことを、みんなよく知っているはずなのですが。

第5章

プーチンが築きあげた〝盗人支配〟と〝監視〟のシステムとは？

――クレプトクラットが盗み、シロヴィキが見張る

Q48 プーチンを頂点とする「クレプトクラシー（盗人支配）」体制とは？

――ソ連崩壊の大混乱で、さまざまなオリガルヒ（新興財閥）が跳梁跋扈《ちょうりょうばっこ》。そのなかからプーチンは、より使える者や信頼に足る者を仲間に引き入れ、ますます大金持ちとし、支配体制を固めていったわけですね。その〝手口〟を解説してください。

A 「クレプトクラシー」は、ギリシャ語の「盗む」（クレプテス＝kleptes）と「支配」（クラトス＝kratos）を合わせた造語で、つまりは「泥棒政治」「盗人支配《ぬすっと》」。少数の政治家や官僚らが国民や国のカネや資産を横領し、私服を肥やす政治・支配体制をいいます。

「クレプトクラット」は、その体制をつくる泥棒政治家や盗人大富豪たちです。

ソ連崩壊の混乱に乗じて富を築いたオリガルヒたちを前章で見ましたが、プーチンは彼らを使って自らの地位を高めて、体制を安定させ、強いロシアを構築していくつもりです。

そこで、オリガルヒ全般を育てるのでなく、自分に忠誠を誓い〝熱心なファン〟のように信奉し、自分の信頼にも足るオリガルヒを選んで育成することに、精力を傾けました。

そのために彼らをクレプトクラットに仕立てます。社会主義ソ連は、なんでもかんでも国有の無責任経営でしたから、これを民営化するようなふりをして、独占的に経営させて、盗み取らせます。

プーチン本人が〝盗人大統領〟の烙印を押されてはまずいので、ごく少数の近しい者たちに富を築かせ、その富を自分が密かに入手し利用できる仕組みをつくるのです。

クレプトクラットは、小はトルストイ家の館、中は一企業や一業種、大は一州や国全体にわたるものまで、さまざまなものを盗みます。それで権力を持ち、クレプトクラシー体制の一角を築きますから、ふつうのオリガルヒ（新興の大富豪）とはちょっと異なります。

もっとも、これまで検討したオリガルヒの一部や、後に触れるシロヴィキ（２１３ページ参照）の一部とは重複するようです。

クレプトクラットに国家資産をわたす典型的な手口として、「ユコス事件」を見ましょう。ユコスはホドルコフスキーが、マフィアが一部乗っ取っていた国営油田を買い取り、近代化し統合してつくった石油会社です。彼は１９９５年から共同所有者・責任者で、外国資本を入れてさらに巨大な会社にしようとしていました。２００３年ごろホドルコフスキーの財産は１５０億ドルと推定され、ロシアどころか世界有数の大金持ちの一人だったのです。

ところが、03年ロシア当局が横領と脱税容疑でホドルコフスキーを急襲して逮捕。その前に彼はプーチン批判を公言し、野党に献金していました。逮捕は「そんな者はこうなる」というプーチンの見せしめであり、ほかのオリガルヒたちへの警告でした。

彼は05年に脱税・詐欺・マネーロンダリングなどで有罪が確定して収監され、13年にプーチンの恩赦で釈放。その後ドイツをへてロンドンへ事実上、亡命しています。

では、元のユコスの企業資産がどうなったかというと、きわめて巧妙な手続きによってロシア最大の国策石油会社ロスネフチの傘下に入りました。ロスネフチのCEO・会長の地位に12年からいるのが、長年プーチンの秘書的な存在だったセチンです。

Q49 プーチンの秘書で石油会社の社長とは？

――プーチンの秘書から、ゆくゆくは巨大石油企業のトップですか。セチンという人物について、もっと教えてください。

A

プーチンはペテルブルク市庁で一緒に仕事した数人を、長くそばにおき、優遇しています。 代表格の一人がセチンです。中学でフランス語、レニングラード国立大学でポルトガル語を学び、卒業前にアンゴラやモザンビークで軍の通訳をやっており、KGBに身を置いたこともあるようです。86年にアフリカから戻り、母校で副学長の助手だったとき、大学にちょくちょく顔を出すプーチンと知りあいました。

その後は、プーチンがペテルブルク市第一副市長のとき主席秘書、対外関係委員会議長のときスタッフ、プーチンのモスクワ行きで呼ばれて大統領府の海外資産を扱う専門委員と、つねに秘書や副官のような立場でプーチンに寄り添っています。プーチンがＦＳＢ長官なら顧問、大統領なら大統領府次官、首相なら副首相という具合です。

ソ連崩壊で始まった民営化は、非効率な国営油田を買いたたく、政府が国民に配った民営化企業の株式と交換できるバウチャー券をウォッカ１本わたしして大量に集める者が出るなど、怪しい手法が横行するなかで拡大。

雨後の筍《たけのこ》のように林立した民間企業を、「国家資本主義」を標榜する政府が買い上げたり奪ったりしながら統合・巨大化していき、クレプトクラットを潤わせました。

とくに石油やガスなどエネルギー・鉄鋼・建設といった基幹産業、行き交うカネをかすめ取って蓄積する金融、世論を誘導するマスメディアなどに重点がおかれたのです。

こうして目を付けたのが石油のユコスですが、08年に大統領にしたメドヴェージェフが青二才ぶりを発揮して汚職撲滅で得点稼ぎを狙い（226ページ参照）、純粋な国営企業にもっていこうとするので、**プーチンはセチンを監視役の副首相に任命。12年にはロスネ**

フチのトップとしました。翌13年には米『フォーブス』誌が収入トップのロシア経営者と書き、セチンはクレプトクラットを代表する一人、というわけです。

セチンがロスネフチから得ている年収は5000万ドルとか。1億2000万ドル（約150億円）もするスーパーヨットを持っているのもおかしなことです。また、当時の経済開発相A・ウリュカエフから200万ドルの賄賂を要求された、とセチンが告訴した事件も奇妙な話です。こうした点で納得がいかなかった多国籍企業ブリティシュ・ペトロニウムは、会社の経営管理が杜撰《ずさん》だったので、22年、持株を全部売って関係を断ちました。ウクライナ侵攻だけが要因ではなかったのです。

Q50 ガス会社と銀行のトップにすえた人物とは？

——ペテルブルク市庁でプーチンの下にいて、ほかにクレプトクラットとなった人物といえば？

A

ペテルベルク市庁の対外関係委員会に5年間勤務し、副議長も務めたミレルがいます。石油の次に、プーチンは将来有望な天然ガスを狙いました。

大統領になった直後、バルト海パイプライン・システムの総裁だったミレルをモスクワに呼んでエネルギー副大臣に任命。今後のガスプロムについて検討が始まるやいなや、彼を世界最大のエネルギー国策会社ガスプロムのCEOにしました。

ソ連が大戦中カザフスタンへ移したドイツ人家庭で64年に生まれたグレフもいます。ソ連外務省の研究所に入所したが追放され、カザフで農業行政の法律顧問を務めました。90年にオムスク州立大学法学部を卒業し、92年からペテルブルク市庁に勤め、93年にサプチャーク指導のもとペテルブルク大学大学院を修了。プーチンに目をかけられ、プーチンが去ったあとペテルブルク副市長にもなっています。

98年にはモスクワへ呼ばれ、00年プーチン政権の経済開発・貿易相をへて、07年にロシア最大の国策金融コングロマリット・ズベル銀行のCEOに任命されました。このとき57・6％だった政府の持ち株比率を「50％＋１株」まで減らして残り株を売り出し、52億ドル強の資産を生み出しました。最大株主はグレフで、現在もCEOを続けています。

巨大石油・ガス会社が国家独占のようになりすぎていると、しばしば疑問視するグレフは、プーチン派ではリベラルなほうと見なされています。今後はどうでしょうか。

ズベル銀行は西側銀行を含めても20位までに入る巨大銀行。個人リテールに圧倒的に強く、ロシア国民の９割方が利用しています。これまでデジタル化を推進し、保険・仲介・資産管理など銀行隣接サービスに止まらず、Ｅコマース（ネット取引）・フードテック・エンターテインメント・健康といった非金融サービス部門を拡大。顧客に包括的なサービスを提供する〝エコシステム〟（もとの意味は生態系）銀行を目指してきました。しかし、ウクライナ侵攻による経済制裁で大きな打撃を受け、前途は多難なようです。

Q51 ロシアを牛耳る闇の一大勢力「オーゼロ組」って何？

――ここまで話に出た、秘書や部下に巨大企業を渡したケースは、プーチンが大統領になってからですね。もちろんプーチンは、もっと前からクレプトクラットをつくってきたのでしょう？　どんなやり方をしたのですか？

A

その質問に答えるには「オーゼロ組」の話をするのが早道でしょう。**「オーゼロ」はロシア語で「湖」ですが、政治の話をしていてオーゼロといえば、プーチンを中心とするオーゼロ組（湖組）のこと。このメンバーこそ、プーチン体制をごく少数でこのうえなく強固に支える、〝闇の一大勢力〟というべきクレプトクラットたちです。**

そもそもの発端は、ペテルブルクから北へ100キロ、コムソモーリスコエ湖畔にあるプーチンの別荘が火事で焼けてしまい、再建された96年にさかのぼります。

このときプーチンら親しい別荘所有者8人が発起人（出資者）となって協同組合をつくりました。初代組合長は不動産業のスミルノフ。彼は一帯の不動産を一手に取り仕切り、焼失したプーチンの別荘も近隣住民を総動員して再建しています。

彼らがウオッカを飲みながら、再建費用や保険などの話をしたのが最初なのです。〝天下国家〟についても論じました。崩れゆくロシアで政府や社会からいかに盗み、いかに支配するか――そんな談合を、着実に実行していった8人の顔ぶれはこうです。

スミルノフがペテルブルク市庁にプーチンを訪ねたことを、思い出してください。

彼が不動産会社を設立し、マフィアのクーマリンと組んでマネーロンダリングにいそしんだことはお話ししました（67ページ参照）。その後は宇宙銀行NSB取締役、原子力産業のテネックス社長を歴任。テネックスは国営原子力公社ロスアトム（ソ連時代の原子力産業省の後身）の貿易・販売会社で、世界最大の濃縮ウラン輸出業者の一つです。

コヴァルチュクは、51年生まれとプーチンの一つ年上で、別荘も92年とプーチンより前に建てています。87～91年にイオフェ物理技術研究所の副所長で、その後は先端技術開発センター所長、05～12年にロシア銀行の会長です。

17年時点で株式37％以上（議決権40％以上）を持つ最大株主ですから、つまり**ロシア銀行のオーナー**です。ロシア銀行については次の項目で詳しくお話ししましょう。

プーチンの信頼も厚く「ロシアでナンバー2の人間」といわれています。新型コロナで行動が制約され時間を持て余すプーチンが、頻繁に話しにいっているからです。

アンドレイ・フルシェンコ（49年生まれ）も科学者です。レニングラード大学を卒業しイオフェ物理技術研究所に長年勤めて所長を終え、04～12年までプーチン政権の教育科学相でした。

セルゲイ・フルシェンコ（54年生まれ）はアンドレイの弟で、ハイテクの研究所・企業、天然ガスを独占するガスプロム、その子会社などで要職を歴任。08～10年にナショナル・メディア・グループ（08年設立のロシア最大の民間メディア持ち株会社）トップでした。

兄弟で湖畔に別荘を建て、ともにオーゼロ組の発起人になったのです。

ヤクーニンは、48年生まれで72年レニングラード工科大学を卒業。82年イオフェ物理技術研究所の対外国関係部長。外国諜報アカデミーで学んだKGB要員でもあり、本人によると「諜報活動に計22年間従事した」そうで、85年から国連ソ連代表部の外交官です。91年からロシア銀行の取締役で、00年ロシア交通省次官、03年ロシア鉄道副社長、05〜15年同社長も務めた〝**ロシアの鉄道王**〟です。14年ソチ冬季オリンピックではインフラ・プロジェクトをいくつも立ち上げて大儲け。ロシア世界財団の理事でもあります。

ニコライ・シャマロフは、50年生まれの歯科医師ですが、ソ連崩壊後の92年から、本業のかたわら独シーメンスの医療機器を輸入販売していました。これに目をつけたプーチンは93〜95年、ペテルブルク市の対外関係委員会に彼と長男ユーリを参加させています。00年代に入るとシャマロフは、医療機器仕入れ会社ペトロメトを使い、「プーチン新大統領を支援するオリガルヒの寄付で資金を調達。西側から医療機器を買って国内で販売。

売上金の3分の1を海外送金してマネーロンダリングし、隠し金をつくる」という仕組みをつくりました。ペトロメトの共同所有者コレスニコフが「汚職、ワイロ、窃盗のコンビネーションで大型のファンドがつくられた」と証言しています。

シャマロフは、このカネでロシア銀行の大株主になりました。

ミャーチンは、イオフェ物理技術研究所に勤め、コヴァルチュク所長の先端技術開発センターで副所長でした。95年にロシア銀行の取締役会長となり、一時は株式を最大25・4%保有するオーナーだったこともあります。

04年までロシア銀行CEOでしたが、09年までに持ち株をすべて処分し、不動産業に転身。ペテルブルクの目抜き通りにビルやホテルを持っています。

以上の顔ぶれにプーチンを加えた8人が「オーゼロ」の8人衆です。

二ケタの数あるかどうかという一族が、クレプトクラシー（盗人支配）体制を牛耳《ぎゅうじ》っているのです。

プーチンの個人銀行とされるロシア銀行、ロシアの天然ガスを独占するガスプロム、その子会社ガスプロム銀行、年金基金ガスフォンドなどが、オーゼロの地縁血縁でがちがちに固められていることがおわかりでしょう。

Q52

なぜ「ロシア銀行」はプーチンの「個人銀行」になったのか？

――なるほど。科学者たちは、コヴァルチュクのイオフェ研究所のつながりですね。オーゼロの多くが関係する「ロシア銀行」について、詳しく教えてください。

A

ロシア銀行は、90年レニングラード（現ペテルブルク）に設立された商業銀行で、**ロシア最初の民間銀行**の一つです。正式にはロシア・ジョイントストック（合資または共同出資）銀行といいます。日本の日銀にあたるロシア中央銀行も、ロシア銀行と呼ばれることがありますから、混同しないよう注意してください。

ロシア銀行の出資金は、ソ連共産党レニングラード支部やレニングラード州の生産・技術協会のカネが中心でした（それぞれ約48％と42％）。しかし、91年8月、共産党復権を狙う保守派が企てたクーデター未遂事件で凍結されてしまいました。

そこで、銀行再開を図るサプチャーク市長が、市の対外関係委員会議長だったプーチンに業務を任せました。このとき、のちにオーゼロ組をつくるコヴァルチュクやフルシェンコ兄弟らが次々出資して、91年12月に再開にこぎつけたのです。

プーチンは、カジノからの上がりをロシア銀行に入れています。プーチンの古い友人チェロ奏者ロルドゥギンや、ペテルブルクで最初のカジノを開いたプリゴジン（207／210ページ参照）も当初から関与。もちろん**地元マフィアの親分連中も**です。**ロシア銀行はKGBレニングラード支部のカネも扱って**います。

その後は、オーゼロ組だけでなく、プーチンの取り巻きオリガルヒやクレプトクラットたちが競ってカネを預け、株主となりました。オリガルヒのロシア銀行との付き合い方を見るだけで、味方かどうか判別できます。こうして**ロシア銀行は、ペテルブルクの〝マネーロンダリング・センター〟ともいうべき、強力な銀行となっていきました。**

プーチンの〝個人銀行〟（私的銀行）と呼ばれるゆえんです。

ロシア語で屋根のことを「クルイシャ」といいます。これは**ロシア・マフィアの世界で〝庇護〟を意味する特別な言葉、一種のマフィア用語**です。

つまり、**「内に入れて守ってやるが、その代わり必ず上納金を納めなければならない」という屋根**なのです。

プーチンにとってロシア銀行は、とくに90年代――大統領になるまでの10年間に、まさにクルイシャ（屋根）の役割を果たしてくれる、**非常に使い勝手のよい銀行**でした。

いまやロシア銀行は大きくなりすぎたようで、12年から金融専門家レベジェフが会長を務めています。68年生まれの彼は、92年にレニングラード金融経済研究所（大学）を出てロシア中央銀行に3年勤め、ロシア銀行に移りました。レベジェフは、オリガルヒやクレプトクラットとはいえないと思いますが、16年に米財務省からロシア高官に支援を提供したとして制裁され、今回もイギリスから制裁を科せられています。

ロシア銀行の話が出たついでに触れておくと、**海外にあるロシアの銀行は諜報活動と密接に関わっており、支店長や副支店長あたりがKGB要員ということがよくあります。**

たとえば、現在ガスプロムバンクCEOのアンドレイ・アキモフ。80年代にVTB銀行（貿易専門銀行として90年設立）のチューリッヒ副支店長、ウィーンにソ連が持っていたドナウ銀行支店長などを務めていますが、彼はKGBエージェントです。天然ガスでロシア第2位のノバテック社取締役をへて、ガスプロムバンクに移りました。

アキモフがドナウ銀行にいたとき、その取締役だったアレクサンドル・メドヴェージェフ（ロシア首相や大統領になったドミートリ・メドヴェージェフとは別人）も元KGBではないか、という憶測があります。彼はガスプロムの副CEOです。

Q53 どんどん企業のトップにしたお友だちとは？
――プーチンの竹馬《ちくば》の友――幼なじみや幼な友だちも、クレプトクラットになっているのでしょうか？

A

そうそう、兄アルカディがプーチンの一つ上、弟ボリスが五つ下のローテンベルク兄弟が典型です。プーチンは兄のほうと柔道仲間で一緒に汗を流しました。

兄弟は、プーチンの親友ティムチェンコから資金を借り、フィンランドで柔道クラブを経営しながら、石油製品の輸送・販売業で暮らしていた時期があります。**ティムチェンコのカネはロシア銀行、つまりプーチンの私的銀行のカネでした。**

その後、兄弟はモスクワ中心に展開するＳＭＰ銀行を設立。パイプライン・電力供給網・鉄橋の建設を手がける総合ゼネコンＳＭＧ社の共同経営者にもなりました。

00年に大統領となったプーチンは、ウオッカ市場で３割のシェアがあった国営の酒造会社ロススピリトプロムを兄弟に任せています。

プーチン政権下、SMG社はガスプロムとの〝パイプ〟を文字どおり太りに太らせ、長距離パイプラインの受注が急伸。**14年ソチ冬季オリンピックでは総額70億ドルの建設仕事を請け負い**ました。兄弟が「プーチンを神から授けられたと思った」と述懐したほどオリンピック資金は潤沢で、SMGだけで10年バンクーバー冬季オリンピックの総費用25億ドルの3倍近くを売り上げたのです。プーチンのいとこシェルモフのプラチナム温泉地再建もその一つです。

ソチ冬季オリンピックの総費用は、ある調査によれば219億ドル（2・4兆円）とされ、夏冬含めた歴代オリンピックで最大です。貧弱だった交通インフラや競技・宿泊施設などの整備が必要なうえに、クレプトクラットの取り分が乗っていたからですね。ローテンベルク兄弟のSMGは、20億ドルの沿岸道路や水中パイプラインまで造っています。

クリミア併合後は、ロシア本土とクリミアを結ぶクリミア大橋の大仕事が転がり込みました。全長18・1キロはヨーロッパ最長の橋で、15年に着工し19年に開通しています。政府からの支払い金額は予定より多く、困った兄弟はバージン諸島でマネーロンダリングに精を出した、と伝えられています。

兄弟にカネを出したティムチェンコは、ペテルブルク市庁時代にプーチンと知り合いました。プーチンと同じ柔道クラブのメンバーで、プーチンの乱取り相手もやったそう。ロシア・マフィアにきわめて近く、よく外国に行くので、マネーロンダリングはお手の物。〝プーチンの財布〟を預かるクレプトクラットには、うってつけの人物です。

幼少時、軍人の父について数年間ドイツで暮らしたことがあり、ドイツ語に堪能。KGBのエージェントだったという匿名証言がありますが、本人は否定しています。

ティムチェンコは、ペテルベルク市対外関係委員会議長のプーチンから認可を受け、フィンランドでロシア原油を西側に売る取引システムをつくりました。97年にロシア初の原油・石油製品輸出会社ガンヴォルを設立し、00年から本格稼働。これはスイス・バハマ・シンガポール・ドバイなどにオフィスをおき、各国の石油・ガス・石炭会社に出資してグローバルに販売する巨大なエネルギー取引会社です。

表の社長・所有者はティムチェンコですが、裏の社長がプーチンといわれています。

05年50億ドルだった会社資産は、07年に430億ドル（数兆円）。このころプーチンの個人資産が200億ドル以上とされていましたから、プーチンはティムチェンコからかなりのカネを引っ張ったはずです。彼はエネルギー・輸送・インフラ資産などへ投資する投資集団ヴォルガグループも率いています。プーチンの娘と結婚したキリル・シャマロフにカネと株式を二束三文で売却して、石油化学会社シブルの副社長に仕立てたのもこの人物です。

ティムチェンコは、11年には米『フォーブス』誌がロシア全体で6位とした大金持ちのクレプトクラット。14年クリミア併合で制裁を受けて資産を手放したこともあり、22年に26位と順位を大きく下げました。資産160億ドルとやや控え目な金額（それでも2兆円以上）が報じられています。もちろんウクライナ侵攻で、またも制裁を受けるハメに陥《おちい》っています。

Q54

プーチンに引き立てられて大儲けした元同僚のスパイたちとは？

――東独ドレスデンでプーチンと一緒だったKGBのスパイ仲間たちは？　彼らもクレプトクラットに仕立てられたのでしょう？

A

ドレスデンでプーチンと同じブロックのアパートに住み、家族ともども毎日のように顔を合わせていたKGBのチェメゾフ（52年生まれ）がそうです。1台の車をプーチンと共有にして乗っていたほどで、二人の妻同士も仲よしでした。

軍事技術の専門家で、プーチンと同じころ帰国し、海外経験を生かしてロシア選手を西側に派遣するスポーツ協会で糊口《ここう》をしのいでいました。**96年にプーチンに呼ばれてロシア大統領府の対外経済部門責任者に。00年以降はプーチン大統領のもとでロシア兵器の輸出に携わる国策軍事技術会社ロスオボロネクスポートの副社長、04年から社長です。**

12年までに同社を吸収したロステック社のCEOも、チェメゾフです。ロスティックは、航空・宇宙・防衛など軍事関連はじめ民間を含むハイテク工業製品を開発・生産・輸出する国営コングロマリットで、多くの企業を吸収・統合して巨大化。

ロシア全土800以上の組織を傘下にし、従業員は少なくとも60万人規模（100万近いとの見方も）。プーチンがCEOを任命した企業で、ここほど儲けが大きいところもないでしょう。最近は新型コロナ用の医療機器・個人保護具・医薬品も生産しています。

チェメゾフはロシア連邦安全保障会議の一員でもあります。クリミア併合時も今回も当然、欧米の制裁対象です。

同じく東独で親しくなったKGBのトカレフは、プーチンの2年前からドレスデンで活動していた年上の先輩です。96年にモスクワの大統領府の総務部に移ったらプーチンが次長でいました。ここで先輩・後輩の立場が逆転したのでしょう。

トカレフは07年プーチンに抜擢されて、国が管理する世界最大の石油パイプライン会社

トランスネフチのCEOとなり、現在もその地位にあります。同社は、7万キロのパイプライン、500以上のポンプ場、2400万立方メートル超の貯蔵タンクを所有。ロシアで産出される石油の8割以上、生産される石油製品の3割を輸送しているのです。

〝慈善事業〟に熱心な会社で、クリミア併合時にはFSB退役将官の手当てまで支給しています。

Q55

プーチンの海外金庫番は有名なチェリストでハッカー好き？

――〝プーチンの財布〟といわれる有名なチェロ奏者がいる、と聞きました。こういうのは、クレプトクラットでも異色のほうでしょう？

A

そういうことです。**奇妙なようですが、クレプトクラットには「ロシア人民芸術家」や「プーチンのシェフ」（料理人）も加えなければいけません。**

チェロ奏者ロルドゥギンはプーチンの1歳上で、KGB学校の同窓だった弟を通じてプーチンを知りました。「行くところがなければプーチンの家へ行き、一緒に飯を食い、泊まった」と語るほど親しいのです。プーチンの長女マリアの名付け親でもあります。
プーチンは自伝に「私は友だちが大勢いるが、本当に親しいのはごくわずか。彼らとは縁を切ったことはない。彼らは私を裏切らないし私も裏切ったことはない。これがもっとも大切」と書いていますが、ロルドゥギンはそんな大親友の一人です。

レニングラード国立音楽院を出てレニングラード・フィルハーモニー交響楽団（現サンクトペテルブルク・フィル）に入り、**国際的なチェロ奏者として認められたロルドゥギン**は、**海外に出る機会も多く、マネーロンダリングが大好き**ですから、英バージン諸島はじめ世界中のタックス・ヘイブンにカネを入れています。

パナマ文書から、ロシア最大の国営石油会社ロスネフチ、メガバンクＶＴＢ銀行などとつながる海外ペーパーカンパニー４社をつくり、うち１社に最大20億ドル、３社に数千万ドルずつ預け、「08～10年だけで５９００万ドルの儲けがあった」ことがわかりました。

パナマ文書は、パナマの法律事務所が70年代から作成した１５０万件もの機密データです。これにはプーチン本人の名前はありませんでしたが、**ロルドゥギンら友人３人の名前と動きが露見**しました。**ロルドゥギンが、プーチンのカネを出し入れする海外資産管理者で、海外用〝プーチンの財布〟であることは確か**です。

彼はストラディバリウスのチェロを１２００万ドルで購入しており、そんなにカネがかかるならマネーロンダリングの副業もやむをえないか、と思いきや――。

プーチンの海外金庫番のほか自らも蓄財し、才能ある音楽家の卵たちに奨学金を与え、02～04年に母校音大の学長もやりました。05年には「ロシア人民芸術家」の栄誉称号（年金付き）をもらい、現在もマリインスキー劇場でときどき指揮棒を振っています。

その一方で、愛国心からか、若いハッカー連中を雇い入れて16年の米大統領選を追ったこともあり、その分析は直接プーチンに届けられ、〝プーチンの情報マン〟とも呼ばれます。

Q56 傭兵部隊のワグネルを創設した「プーチンのシェフ」とは?

――異色クレプトクラットのもう一人、「プーチンのシェフ」と呼ばれているのは何者ですか?

A 10代で窃盗と詐欺を働き9年間もムショ入りしていた、61年レニングラード生まれのプリゴジンという男です。

90年に出所すると、ホットドッグ販売チェーン、レストラン、カジノ、ケータリング事業(コンコルド社)などで大儲け。98年には水上レストラン「ニューアイランド」をオープン。店は政治家や金持ちに人気のたまり場となり、彼はプーチンとますます親密になっていきました。

プーチンは02年に米ジョージ・ブッシュ大統領を店に招き、店で満50歳の「大統領誕生会」を開いています。プリゴジンのケータリング会社は、軍・学校(学童)・役所などへの食事提供で莫大な利益を得ています。クレムリンの宴会からもです。

そのカネでインターネット・リサーチ・エージェンシーという情報収集・操作・宣伝機関をつくりました。これは国防省や軍参謀本部情報総局ＧＲＵに情報や分析を流すだけではありません。

ネット上の偽情報づくり――政府系サイトに熱烈支持を、野党や反政府サイトに誹謗中傷を大量投稿（いわゆる荒し）、フェイクニュースをでっち上げて拡散といった世論操作をおこなうプリゴジンの〝メディア工場〟です。ハッカー攻撃でもプーチンに貢献し、アメリカの16年大統領選や18年中間選挙にも介入して暗躍しました。有力オンライン・メディアの連邦通信社にもプリゴジンのカネが入っています。

プリゴジンは14年、ウクライナ東部２州へ**戦闘員を派遣する民間軍事会社「ワグネル」**（ヒットラーが愛した音楽家ワーグナーのロシア語読み）**を創設。**中央アフリカ共和国・マリ共和国・シリア・リビアなどの内戦にも介入しました。

ウクライナ侵攻では８０００人規模のワグネル軍が投入され、25％が戦死したとの報道もあります。ワグネル隊員はブチャなどで残虐な民間人殺害に関与。**ゼレンスキー大統領**

が遭遇した暗殺計画3回のうち2回の実行者はワグネルです。22年8月にルハンスクのワグネル根拠地をウクライナ軍が攻撃したときは、一日で隊員100人以上が戦死しました。

22年7月以降は、プーチンの許可を得て**モスクワ周辺の刑務所をめぐり、ウクライナの戦いに送る戦闘員を募集**しています。「第三次世界大戦が起っている。諸君に祖国のため戦うチャンスを与えよう。死ぬ確率は15％にすぎない。給料は充分支給する。半年でまったく無罪になって家に帰れるんだ」と**プリゴジン自らが勧誘。その映像まであります。**

個人的な趣味が高じてか、情報機関をつくったことは、チェロ奏者ロルドゥギンと似ています。二人ともロシア銀行株を3・3％ずつ保有するプーチンの〝財布〟。プリゴジンのほうは、決死の戦闘員まで出してくる〝打ち出の小槌〟というべきでしょうか。

Q57 プーチンが支配する「シロヴィキ」とは？

――「シロヴィキ」という言葉は、よく耳にします。ロシアの「権力層やグループ」を指すようですね。解説してください。

A

シロヴィキはロシア語「シイラ」（力や武力）からきた言葉で、「政権内で突出した権力を握る、治安・国防・諜報機関の者や出身者のグループ」を指します。

ソ連崩壊後にロシアのジャーナリズムで使われはじめた言葉ですから、いまのところ該当者は、エリツィン政権かプーチン政権のどちらかにしかいません。

シロヴィキの〝総本山〟は、議長のプーチンが君臨する「ロシア連邦安全保障会議」（以下安保会議と略）です。この権力行使機関に〝背広組〟の官僚を入れても意味が薄い。**政治・軍事・諜報・治安維持といった国家安全保障分野で、プーチンがこれぞと思う人物、いわば〝制服組〟を任命します。現メンバーは議長・常任議員12人、（ヒラ）議員18人の30人前後で、書記局が6人、事務局が定数176人。**会議のメンバー全員が欧米から資産凍結など個人制裁を受けていることでも、その重要性がわかります。

プーチンは00年5月、ＫＧＢの後身ＦＳＢ（連邦保安庁）を大統領直属として内部改革も推進。こちらは昔のＫＧＢに似た強力な権限を持つ組織になりつつあります。

92年から設置されていた安保会議も、10年12月と11年5月に権限強化を図り、地位を高めました。以来、秘密警察・情報機関・軍組織のトップ、首相・外相・内相、上下院議長らを安保会議の中核にすえています。さまざまな権力と資産を手に入れ、人を支配し命まで左右してきたプーチンは、仕上げとして、大物シロヴィキを集めた安保会議議長として国家権力を確かなものにしました。そして、国と国民を動かし、自らの力をどこまでも駆使できる体制を、ほしいままにしている――というべきでしょう。

おもだった常任議員は、メドヴェージェフ元首相／元大統領、パトルシェフ元ＦＳＢ長官、ボルトニコフＦＳＢ長官、ナルイシキンＳＶＲ（対外情報庁）長官、イワノフ元大統領府長官／元国防相、ショイグ国防相、ラヴロフ外相らです。

安保会議は、常任委員が議決権を持ち、国家の主要方針を多数決で決め、これを議長の大統領が承認して施行するのが建前です。ウクライナ侵攻は、議長のプーチンがやると決め、ほかに数人が賛意を示し、かたちだけ多数決で全員賛成の体裁をとったはずです。

プーチンは、人事でこまめに気を回すタイプ。安保会議でも元ペテルブルク女性市長マトヴィエンコを上院議長にして常任議員にする、私設ボディガードから国家親衛隊長になったゾロトフを議員にするなど、とくに義理を感じる人物を加えています。

内相やFSB長官を歴任したものの政策の不一致からか、プーチンが嫌っているステパーシン。NATOロシア常駐代表・ロシア防衛産業担当第一副首相などをへて18年に国営宇宙企業ロスコスモス長官となったが、22年7月に解任されたロゴージン。その後、ウクライナ前線へ行き、12月に自分の誕生日の会食で、会場が爆破され負傷しました。――彼らはシロヴィキでもおかしくありませんが、いまはシロヴィキとは見なされていません。

Q58 ロシアの問題点は、KGBの同期・同窓で権力者を固めていること？

――シロヴィキの面々は、どんなことをやってきて、どのようにプーチンに気に入られているのですか？　何人か例をあげて、具体的に教えてください。

A

安保会議書記も務める**パトルシェフ**は、プーチンを全面的に支援する〝刎頸《ふんけい》の友〟で、**「シロヴィキ中のシロヴィキ」**です。51年生まれとプーチンの一つ年上で、KGBレニングラード支部に同期で入り、一緒に働きました。94年からはモスクワで保安省やFSBの要職を歴任。1年ちょっとFSB長官だったプーチンをエリツィンが首相代行（のち首相）に任命した99年、後任の長官に選ばれています。08年から書記です。

パトルシェフはプーチンと二人だけになると、寡黙なプーチンに戦略や思想を大胆かつ流暢《りゅうちょう》にしゃべるといいます。安全保障に関してはプーチンとほぼ対等の存在で、その言動をプーチンも高く評価しています。**プーチンが不測の事態に見舞われれば、パトルシェフが後を受け継ぐだろう、と分析する人もいます。**

リトヴィネンコ殺害事件をご記憶の読者もいるでしょう。ＦＳＢ職員だったリトヴィネンコは98年に「１年前にベレゾフスキー殺害を上司に命じられたが拒否した」と同僚とともに暴露。「幹部の一部が政治脅迫や殺人にＦＳＢを使っている」と告発しました。逮捕・収監を繰り返した後の00年11月にイギリスに亡命して英市民権を得ると、プーチンやロシアを猛烈に批判。99年にロシアで起こり３００人近い犠牲者が出た高層アパート連続爆破事件は「ＦＳＢがチェチェン民族の犯行と見せかけた偽装テロ。事件で国民の支持をとりつけ、チェチェン民族を徹底弾圧した」と、本で証言しています。

しかし、06年10月にロンドンのホテルで毒入り茶を飲まされ11月23日に死亡し、盛られたのは放射性物質ポロニウム２１０とわかりました。彼の殺害はプーチンとパトルシェフが最終的に承認したとされています。英最高裁判所のオーエン検事は「プーチン大統領とパトルシェフＦＳＢ長官に聞けば、事実を認めるだろう」とまでいったのです。

パトルシェフらシロヴィキの間では、**邪魔な者は人と思わず平然と抹殺するという暗殺の伝統が培《つちか》われてきた**ようです。

現ＦＳＢ長官のボルトニコフもＫＧＢ出身です。プーチンの一歳上、パトルシェフと同い年で、モスクワのＫＧＢ高級学校を卒業し、75年ＫＧＢレニングラード支部に入局。これまたプーチンの同期生なのです。04年にＦＳＢ副長官。パトルシェフの後任として08年からＦＳＢ長官となり、今日も依然として同じ地位にあります。

反プーチン活動を続けるナワリヌイという元弁護士がいます。20年8月、飲み物に神経剤ノビチョクを盛られ、飛行機の中で体調を崩して緊急着陸してもらい病院行き。その後ドイツで緊急入院しました。21年1月には回復してロシアに帰国したのですが、空港に降り立ったところで逮捕。裁判で11年半の禁固刑を言い渡され、いま服役中です。

ナワリヌイは22年6月、「戦争を引き起こしたのは盗賊と泥棒だ。私はこの泥棒の犯罪政権と戦うため政界入りした」とウクライナ侵攻を批判。死者まで出す厳格さで知られるウラジミール州刑務所に移され、「ここだと死んでしまう」と悲壮な叫びをあげています。

彼は「プーチンに移された」といいますが、英ベリングキャットは「移送を決めたのはＦＳＢのボルトニコフ長官」と結論しています。どちらでも、まあ同じことですが、ベリングキャットはシロヴィキの内部告発を参考にしたようです。

戦況がはかばかしくないためボルトニコフとプーチンの関係が悪化してきている、という話もあります。ウクライナ国防省の情報総局長は「プーチンは情報が上がってこないことに苛立《いらだ》ちを強めている」と分析します。この局長は「プーチンの暗殺もありうる」ともいうのですが、検討する価値はありそうです。

ボルトニコフは船会社の取締役をやっていますが、息子デニスはロシアで２番目に大きいＶＴＢ銀行頭取というオリガルヒ。もちろん親子で西側の制裁を受けています。ロシアでは、プーチン世代の〝二世〟が、だんだん大きな力を持つようになってきています。

対外情報庁ＳＶＲの長官ナルイシキンは54年生まれで、やはりＫＧＢ出身です。80年にレニングラードＫＧＢでプーチンと知り合い、90年代はサンクトペテルブルク市役所でプーチンと一緒でした。04年からモスクワに移り、ロシア政府の官房長官、大統領府長官をへて、16年からソ連中央情報局の流れをくむＳＶＲを率いています。

ウクライナ侵攻直前の安保会議で「君の考えは？」とたずねたプーチンに、ナルイシキンは「ルハンスクとドネツク両人民共和国のロシアへの編入に賛成です」と答えました。するとプーチンは「そんな話はしてない。両共和国の独立を認めるのかどうか、たずねておるのだ」と顔をゆがめて再質問。ナルイシキンが「はい、えーっと、さ、賛成です」と答える様子が、ロシア国営メディアで流れました。何のためでしょう。

セルゲイ・イワノフのいまの肩書は「大統領特別代表」（自然保護・環境・交通運輸担当）です。53年生まれでレニングラード大学やミンスクのKGB高等課程を終えて、75年にKGBレニングラード支部に入局。大学もKGBもプーチンの同窓です。プーチン長官の下のFSB副長官、国防相、大統領府長官、第一副首相、安保会議書記などを歴任。

タカ派の退役大将で、リトヴィネンコの本を「意味はない。死の床で奴が何といおうが、何を書こうが、気にしなくていい」といっています。

たいへんな資産家ですが、莫大な資産は妻の名義で、彼はオリガルヒとは見なされません。息子セルゲイも国策ダイヤモンド会社アルロサの社長です。このダイヤモンド鉱山の売上高は21年に42億ドルもあって、世界市場の３割近くを占めています。

ここまで、**レニングラードKGBの同期や同窓ばかり**であることにお気づきでしょう。とくにプーチン、パトルシェフ、ボルトニコフは、この順にFSB長官でした。

彼らシロヴィキが、プーチンをトップとする安保会議のコアとなり、ロシアという国の行く末を決める――これはロシアにも、世界にとっても、不幸きわまりないことです。

米ホワイトハウスでも大統領の身内や友人が要職に就くことはありますが、米大統領が選挙で交代すれば彼らも入れ替わります。**ロシアは選挙を何度やっても交代しません。**

この仕組みをつくっているのが秘密警察・諜報機関・軍トップらのシロヴィキだ、といえます。先進国で最高指導者の下にある秘密警察・諜報機関・軍組織が、最高指導者と完全に一体化してしまっています。このことが決定的な大問題なのです。

Q59 国防相、参謀総長、外相もシロヴィキの一員？

――国防相がプーチンに説明したり、外相がロシア側の一方的な主張をまくし立てたりするのを、報道でよく見かけます。彼らもシロヴィキですね？

A

軍関係では、ショイグ国防相やゲラシモフ参謀総長が安保会議に入っています。

55年生まれのショイグは、じつは工業大学で建築を学んだ政治家で、軍人出身ではありません。建築や建設の専門家だったので、ソ連崩壊後のエリツィン政権で非常事態や災害復旧などの危機管理をまかされ、94年に非常事態相に就任しています。

96年に安保会議に入り、99年には政権与党「統一」党首もなりました。12年に半年ほどモスクワ州知事も務めた後、今日まで10年間ずっと国防大臣を続けています。

スポーツ好き・歴史好きで、ギターを奏《かな》で、水彩画を描く趣味人で、プーチンの狩りや釣りに同行したことも。軍歴やFSB関連といった〝ヤバい過去〟がないことから、ウクライナ侵攻以前は、人気の政治家の一人でした。いまはウクライナ侵攻の拙悪《せつあく》で人気がなくなりつつあります。

22年6月には最前線に初めて出向き、視察や功労者表彰をやって見せました。しかし、物資補給の立ち遅れで、兵站《へいたん》担当のブルガコフ国防次官が9月に解任されました。兵站の不備や要衝からの撤退では、ショイグも叱責を受けました。

プーチンに会うショイグの映像を見ると、どうにも自信なさげですね。軍歴のないド素人国防相だから地上戦でウクライナに負けるのだ、とバカにする人も増えました。そんな心労が重なり、彼は重症の心臓発作に見舞われているらしいのです。妹のラリサが22年6月、コロナで死亡した事実も、体調をくずす要因でしょう。また彼は、プーチンやラヴロフと同様に愛人をもち家庭が二つあります。これも心臓に悪そうです。

12年ごろ、ショイグの前任の国防相セルジュコフに愛人問題が発覚。カネがいるのか、彼が国防省関係の不動産・株式など国有資産を売りとばして大儲けし、国防企業から1億ドル以上の賄賂を受け取っていた、と大問題になったことがあります。

この一件で、伏魔殿だった軍組織や予算が暴かれ、中央幹部の3分の1がクビとなり、国防省が参謀本部から財務管理を取り上げました。これでプーチンは軍の統率を確固たるものにすることができ、大きなプラスだったのです。極悪人のはずの前国防相はロシア憲法25周年記念で〝恩赦〟となり、プーチンのKGB仲間の軍産企業に再就職しました。

プーチン大統領は憲法上、ロシア連邦軍の最高司令官です。軍人は戦争する〝駒〟にすぎず、組織の責任者などイエスマンでいい。ほんとうの実力者が軍のトップにつき、絶大な人気を誇るようにでもなったら、自分の地位すら危うい、と考えているのでしょう。

ゲラシモフは55年生まれの軍人です。07年レニングラード軍管区司令官、09年モスクワ軍管区司令官をへて12年、中央軍管区司令官・国防副大臣兼ロシア連邦軍参謀総長へと上りつめました。ウクライナ侵攻後、22年3月にハリキウの戦いでゲラシモフ大将戦死の報が流れたことがありますが、爆弾のかけらが足に刺さったくらいです。4月にウクライナ軍の砲撃で右足に弾丸の破片が突き刺さって搬送された、とも報じられましたが、これも西側は確認できておらず、ロシア側から発表もありません。

ラヴロフ外務大臣は50年に生まれ、モスクワ国際関係大学を出てソ連外務省入りし、92年に外務次官。94年から国連大使、04年には、安保会議書記に転じたイーゴリ・イワノフの後任外相にプーチンが抜擢。クリミア併合では海外首脳たちとやり合い、プーチンからほめられました。正規戦・非正規戦・サイバー戦・情報戦などを組み合わせる「ハイブリッド戦」では、宣伝や広報を担う外相の重要性がいっそう大きくなっています。

欧米は侵攻直後ラヴロフに制裁を科し、日本も22年3月に資産凍結の対象としました。ラヴロフの妻子だけでなく、海外に住む愛人とその娘も制裁されています。

ラヴロフの愛人は東京にもマンションを持ち、ラヴロフの来日時に使っていました。

Q60 なぜメドヴェージェフ元大統領は、プーチンになめられっぱなしなのか？

――大統領を一期務めたメドヴェージェフもシロヴィキですか？　大統領になったので、プーチンの後継かと思ったら違うようですね。どんな人物でしょう？

A 後継というほどの人物ではなく、プーチンのプロテジェ（子分）にすぎません。

もっとも、ペテルブルク出身で中央の大統領になったのは、プーチン以外には彼だけです。

メドヴェージェフは、もともと法律に詳しい政治家です。諜報機関や軍の経歴もなく、純粋な、あるいは典型的なシロヴィキではありません。ただし、シロヴィキ集団の安保会議メンバーだけではなく、副議長ですから、ここで詳しく見ておきます。

65年生まれで、まだ50代と若いメドヴェージェフは、レニングラード大学講師だったときサプチャーク教授に誘われ、彼の顧問に就任。プーチンと出会い、プーチン議長の対外関係委員会で5年間法律顧問でした。その後、ロシア最大の林業会社イリムパルプの法律顧問から社長となり、99年11月にプーチンに呼ばれてモスクワへ出ました。00年プーチン最初の大統領選挙に貢献した後は、大統領府第一副長官、同長官、第一副首相などを歴任。林業会社の株を買い増して大株主となり、ガスプロムのＣＥＯや取締役会長も務めたことがあります（大統領就任時に辞任）。

メドヴェージェフは08年、プーチンに指名されて大統領選挙に出馬し、70％以上の得票で当選。12年まで大統領１期を務めました。これは憲法上プーチンが２期８年しか大統領をできなかったからで、ようはプーチンの〝つなぎ〟。その間、プーチンは首相です。

５月に大統領・首相コンビが誕生した08年の暮れ、プーチンはメドヴェージェフとの協力を「効果的なタンデム」と表現しました。二人乗り自転車の前で自分がこぎ、奴は後ろに乗ってるだけ、といわんばかりですね。メドヴェージェフはプーチンに「ヴィ」（あなた）と話しかけ、プーチンはメドヴェージェフに「ツイ」（おまえ）と声をかける。クレムリンの直通電話は、まずプーチン首相が出てからメドヴェージェフ大統領につなげる。――こんな実態を確認した各国特派員たちは、妙に納得していたものです。

首相執務室には大統領の写真を掲げる習わしなので、秘書が「メドヴェージェフ大統領の写真を掲げますか」と聞くと、「いらん。熊（メドヴェチ）の毛皮なら、床に敷きつめてある」とプーチン。メドヴェージェフを最初からなめきっていました。**メドヴェージェフはプロテジェとしてプーチンに守ってもらうほか、生きる道がない**のです。

もっとも彼は、プーチン以外からも、なめられています。

08年にはリーマンショックが起こって、金融危機は「すべてアメリカが始まりだ」と非難しましたが、何も解決できません。そこで、経済に苦しむ大衆の支持を得ようと、反汚職を大々的に取りあげ、大統領令で「反汚職評議会」を発足させました。

プーチンから引き継いだ「オリガルヒ・ロビー」連中を集めて汚職問題を話し合ったときのことです。彼が「賄賂はよくない」と切り出すと、デリパスカが「裁判所が汚職の根源だ」、フリードマンが「刑期の決定がでたらめだ」と突っ込み放題。みんな「俺ら全員、大なり小なり〝盗人稼業〟じゃねえか」と思っています。「汚職はダメ」と自分だけいい子のメドヴェージェフに、ふざけんなと言い返したくもなったでしょう。

実際、メドヴェージェフは汚職まみれの男です。５８００万ドルかけたクラスノダール地方の「メドヴェージェフの冬の宮殿」に一家で出かけて長期休暇をエンジョイ。モスクワに二つとペテルブルクに一つマンションが、ほかにソチやヴァルダイにも別荘があります。

プーチンが首相だと、大統領はよほどヒマなのか、よく「黒海宮殿」に出かけてジムに精出していました。黒海宮殿は、ナワリヌイが15億ドル以上すると糾弾したとき、プーチンの柔道仲間のローテンベルグが「私が所有」と説明した豪勢な建物です。もちろん事実上プーチンのものとされています。

Q61 プーチンは一応36年まで大統領ができる。それがメドヴェージェフの業績？

――08～12年の4年間大統領だったメドヴェージェフは、結局、どんな成果を上げたのでしょう？　また、20年に突然首相を辞めたのはなぜですか？

A

メドヴェージェフ大統領4年間の最大の〝業績〟は、プーチンの代わりに傀儡《かいらい》大統領を無難に勤め上げたことを除けば、プーチンのため08年に憲法を改正し、大統領の任期を「6年・連続2期まで」（3選はナシ）としたことでしょう。

それで彼は、意気揚々《いきようよう》と12年から首相になりました。プーチンが6年×2期で24年まで大統領でいられるようになったのだから、プーチン大統領とセットで24年まで首相を続けても、別におかしくはありません。そうなるだろう、というのが大方の見方でした。

ところがプーチンが20年1月、年次教書演説で大統領権限そのほかの変更方針を表明。これを受けてメドヴェージェフは、大統領が必要な憲法改正を実行する「リセット」（初期化、つまりちゃらにすること）を提言し、３選もありうるようにして内閣総辞職を表明し、演説翌日に首相の満期以前に退任してしまいました。後任の現首相は税務長官だったミシュスチンで、有能な税務官僚というほか目立つところのない人物です。

ねぎらいのつもりか、プーチンは、彼を新設した「安保会議副議長」という地位につけて働かせています。

20年の憲法改正で、**ロシア大統領の任期は「6年・最大2期まで」**となりました。この規定は、**過去の任期とは関係なく24年から適用**されます。ということは、**プーチンは一応当選すれば36年まで連続して大統領を続けることができ**ます。とんでもない仕組みなのです。やはり独裁国家に近づいています。

いやはやどうも、ロシアはどうしようもない、とため息をつくしかないようです。

第6章

プーチンの支配はいつまで続き、どう倒れるのか？

——プーチンの哀れな末路と、ロシア再生への道

Q62 ウクライナの戦争は、冷戦の継続なのか？

――ウクライナ問題を「東西冷戦の継続」とする見方があるようです。これについては、どう考えますか？

A

米英仏はじめ西側12か国は第二次大戦後の1949年、いちはやくNATO（北大西洋条約機構）を創設。ソ連と東欧は55年、WTO（ワルシャワ条約機構）をつくって対抗。ともに集団自衛の軍事組織で、両者の対立を核として東西冷戦が長く続きました。本格的な熱戦は避け、せいぜい代理戦争（朝鮮戦争やベトナム戦争）に止《とど》めるが、経済関係ではあまり付き合わず、イデオロギー面で対立する――これが冷戦構造です。

世界ではその後、石油・ガスの需要拡大で西側、とくにドイツがロシアのエネルギーへの依存度を高めていきました。また、ワルシャワ条約機構はソ連崩壊半年前の91年7月に崩壊。メンバーだった東欧諸国やバルト三国などは続々とNATO入りし、やがてグルジア（現ジョージア）やウクライナまでも加盟を求めるようになりました。

典型的な〝ランドパワー〟の大陸国家ロシアは、周囲に〝衛星国〟を配して緩衝地帯を設けなければ、枕を高くして寝られません。その緩衝地帯が続々と相手側についてしまう。ロシアにとって、きわめて神経質にならざるをえない対立要因が拡大してきたのです。

経済対立は、2000年代初頭の一時期、ある程度は解消の方向へむかっていました。しかし、軍事面ではチェチェン戦争（第二次99～09年）やグルジア5日戦争（08年）が勃発。NATO新加盟国ポーランドやチェコへの対空システム兵器の配備をめぐって、西側とロシアが激しく対立するようになりました。そこに今回のウクライナ戦争です。

百歩譲って、ウクライナ侵攻は戦争ではなく「親ロ独立共和国」を支援するだけの特別軍事作戦——と言い張るプーチンの立場に立てば、なぜプーチンがウクライナ侵攻をしたのかが見えてきます。ラヴロフ外相も「侵攻していない。特別軍事作戦なのだ」と、いい続けています。

戦争でないなら、「特別軍事作戦」だろうと「特殊演習」だろうと、冷戦構造の継続ととらえることは、そう間違っていないでしょう。

22年6月「ピョートル大帝生誕350周年記念展」を訪れたプーチンは「(ウクライナなど)領土を取り戻し、強化するのは、われわれの責務だ」と語りました。初代ロシア皇帝のピョートル大帝が1700年代初頭に新都サンクト・ペテルブルクを建設したとき、そこはスウェーデンの要塞があるような諸民族混住の土地でした。ロシアの隣国ウクライナの国土とは話が違うはず。それでもプーチンは、ウクライナを奪いにいきました。

プーチンにすれば14年のクリミア併合は、ほんの一部の返還にすぎません。ソ連崩壊25周年のときプーチンは、ソ連解体を「20世紀最大の地政学的惨事」といいました。クリミア喪失はその大惨事のほんの一部、ウクライナもやっぱり一部にすぎないのです。

Q63

プーチンは「共産主義者」なのか?

——冷戦の継続だとすれば、冷戦につきもののイデオロギー対立をどう考えればよいのか。西側の旗印が資本主義・民主主義ならば、プーチンのイデオロギーとは?

A

冷戦構造は戦火をまじえず（ロシアは一方的な熱戦を仕掛けていますが）、経済関係をもたず、イデオロギーで対立する状況、とお話ししました。では、そのイデオロギーが、はたしてプーチンのロシアに存在するのかどうか。ここが考えどころです。

イデオロギーという言葉は18世紀フランスで生まれましたが、それが意味するものの構築には、さまざまな場所と時代で、たいへんな努力と犠牲がともなってきました。

ロシアといえば社会主義や共産主義の強烈なイデオロギー。しかし、プーチンは、**共産主義を「歴史的な無駄」（12年の下院議会演説）と切り捨てます。**「共産主義やソビエトの力は、ロシアを豊かな国にしなかったではないか」とも、のちに語っています。

エリツィンは91年、初代ロシア大統領就任演説で「20世紀ロシア史には君主制・全体主義・ペレストロイカとさまざまな時期があり、ついに民主主義の発展的道のりがついた。つねにイデオロギーがあったが、いまはない」と述べました。そうかもしれません。

でも、プーチンが、イデオロギーを意識的に構築しようとしたのはたしかです。

すでに「クイザー・イデオロギー」（クイザーは「皇帝」のこと）が形成されてきた、

と私は見ます。**「プーチニズム」**と言い換えてもかまいません。ただ、「政治・経済・社会・外交などの根底にある特定の思想」という意味のイデオロギーに、まとまっているわけではありません。ですから〝イデオロギーもどき〟というべきでしょうか。

具体的には、プーチン支配の四半世紀で政治や社会に現れてきた次のようなことです。

ロシア主義……ロシアの言語・文化・宗教・歴史・伝統などを至上とする愛国主義。

保守主義……LGBT差別、とくにホモセクシャルに対する嫌悪感。

ポピュリズム（人格主義の人気取り）……上半身裸で乗馬や釣り、革ジャンでバイクなどマッチョの顕示、水中で貴重な歴史的骨董品を発見。

物件主義……豪壮なクレムリン宮殿、巨大別荘、スーパーヨット、高価な時計。

権力主義……金ピカの宮殿改装や救世主ハリストス大聖堂の建立。

独裁主義（専制君主主義）……手段を選ばぬ敵対者排除、ロシア安保会議に君臨。

現象としてはスターリン主義に似ています。プーチニズムを言い出したのは、プーチン政権で20年以上要職にあって〝灰色の枢機卿〟（影の支配者）といわれた側近中の側近スルコフです。プーチンのイデオロギー構築に貢献したアイデアマンで、キャッチフレーズ「君主制民主主義」も発案。なぜか20年2月に解任されて自宅軟禁中です。

プーチンのイデオロギーの根底にあり、もっとも特徴的なものは、長い歴史を耐え抜き培《つちか》われてきたロシア正教の愛国心でしょう。

「ロシア正教は絶えずロシアに統一をもたらし、家族のきずなを強め、愛国精神で若い世代を教育する」としばしば語るプーチンは07年、「ルースキー・ミール・ファンデーション」（ロシア世界財団。ミールは「世界または平和」の意味）の創設を宣言。

10年には親しかったヴェルビッカヤ・ペテルブルク大学総長（19年82歳で死去）、オーゼロ組の鉄道王ヤクーニン、フルシェンコ教育科学相、アルフェエフ・ロシア正教会主教らを集めて財団の方針を決めました。

ロシア語独特の言葉（たとえばドゥシャ＝心、ヴォリャ＝意志）、ロシア文化（リュブリョフやカンディンスキーの絵画、チャイコフスキーやショスタコーヴィチの音楽、プーシキンやソルジェニーツィンなどの文学）の伝統、そしてロシア正教を基底に、ロシアのあらゆる優れた面を世界に普及させるというのです。もっとも財団創設は、クリミア併合で20年に延期され、職員数や基金額が決まったのは21年になってからでした。

Q64 なぜプーチンは、ロシア正教の比重を著しく増大させたのか？

――プーチンと宗教（ロシア正教）との関係はどうなっているのでしょう？　てっきり神をも恐れぬ冷徹な男と思っていたら、違うのですか？

A

プーチンは、クリミア併合で大胆な実験をやっていたのかもしれません。ロシア人以外の少数派を〝ロシア化〟していくなか、新しくロシアに組み込んだ地域住民を「ノヴォラシア」（新ロシア）と呼んだり、ロシア世界財団がロシア正教を説教や宣伝で頻繁に取り上げたりして、ウクライナ人の反発を招きました。ソ連崩壊後、モスクワ総主教系から離れてウクライナ正教に加わる信者が増えたクリミアでは、ロシアによる併合後、ロシア世界財団が催し物を開くなどロシア正教をことさら熱心に勧誘をするようになったのです。

ウクライナ正教会は、クリミア併合でモスクワと対立を深め、18年に独立。今回のウクライナ侵攻で22年5月、はっきりロシア正教会と決別しました。「ウクライナとロシアの一体性は神からさずかったもの。ウクライナの『邪悪な勢力』がその一体性を破壊している」と説教するロシア正教会と、完全にたもとを分かったのです。

ロシア世界財団の議長はプーチンの忠実な部下コザク。彼は副首相（08～20年）兼秘書で、プーチンの黒子のようにクリミア併合を陰で進めた男。プーチンの選挙で毎回選挙委員長、14年ソチ冬季オリンピック総括の責任者、クリミア併合時のロシア交渉団代表などを務め、ウクライナ侵攻計画でも核心部分を任されています。

そのコザクを配置したロシア世界財団で見逃せないのは、財団が世界に普及させるロシア文化のなかで、ロシア正教が非常に重要な位置を占めていることです。

じつはプーチンは、「生後数か月ごろ、母親と隣家の人が、父に内緒で教会に連れていき、洗礼を受けさせたのだ。もちろん、何も覚えてないがね」と受洗を告白しています。

共産党員の父は無神論者でしたが、母は熱心な信者。プーチンは、ペテルブルク市訪問団の一員としてイスラエルを公式訪問した93年にも「母親が首に十字架を架けてくれた。それをいままで一度もはずしたことがない」と語っています。

1917年のロシア革命以後、ソ連ではロシア正教はじめあらゆる宗教が迫害されました。「宗教は民衆のアヘン」（マルクス）、「宗教は一種の精神的な下等火酒であって、資本の奴隷は、自分の人間としての姿を、またいくらかでも人間らしい生活に対する自分たちの要求を、この酒にまぎらす」（レーニン）といった言葉が繰り返され、宗教者や熱心な信者が数多く殺されました。その数、1200万〜2000万人とされています。多くの宗教者がKGBによって殺害されてきたことは、教会の敷地内にある墓から一目瞭然です。

弾圧は第二次大戦中から多少ゆるめられたものの、現プーチン政権下のようにロシア正教代表が大手を振ってあらゆる儀式に出席できるようなことはありませんでした。共産党員、とりわけKGB職員は、無神論を標榜《ひょうぼう》しなければならなかったのです。

そんな〝水と油〟のロシア正教とKGBを結びつけた一人が、モスクワにあるスレテンスキーロシア正教高級修道院の院長シェフクノフです。修道院はKGB本部に近く、62年キューバ危機で米フロリダにいて諜報活動をしたレオノフ中将（22年4月死去）はじめ、少なからぬKGB将校たちが、院長の説教を聞きに集まるようでした。

銀行オリガルヒのプガチョフやレオノフ中将の勧めでプーチンが修道院を訪ねると、シェフクノフ院長は「KGBこそ国家の崩壊を守りうる力」と説教。これはプーチンの日頃の考えと同じですから、区教民（地域住民で信者）だった親友の元FSB長官パトルシェフに確かめると、「シェフクノフ主教は若い頃からKGBの同調者」との返事。こうしてプーチンは、シェフクノフと親しくなっていきました。

プーチンを「神からのミラクル」と信奉するモスクワ総主教のキリル（46年生まれ）は

ロシア正教の最高指導者です。報道にもよく登場しますが、彼も昔はKGBエージェントでした。その後を継ぐのはシェフクノフかもしれません。

キリルもルースキー・ミール（ロシア世界）主義で財団理事。説教で絶えず特別軍事作戦を賞賛し、旧ソ連地域はおろか、はるか昔のロシア領土まで「ロシアのもの」だと公言。それを取り戻すことは「神がゆるしたまう」のです。当然ウクライナ侵攻も熱烈支持で、キリルはウクライナの人々を殺害するロシア兵を祝福しつづけています。

ウクライナ正教会とロシア正教会の断絶は、キリルへの猛反発が理由の一つ。イギリスはキリルを名指しで制裁しました。宗教者個人への制裁は、きわめて異例なことです。

Q65

プーチンの思想って何？

――プーチンは若いころから熱烈なルースキー・ミール（ロシア世界）至上主義者？ それともロシアで実権を握ってから、その考えを強めたのですか？

A

おそらくは後者です。若いころそう考えていた形跡は見つかっていません。プーチンが深く学んだ人物にロシアの亡命哲学者イワン・イリイン（1883～1954）がいます。彼は革命5年後の1922年、高名な知識人160人とともに「哲学者の船」に乗せられ、ソ連から追放されました。反革命分子だったからです。その後、ドイツからスイスに移り住み、膨大な論文を書き残しています。

貴族生まれのイリインは熱心なロシア正教徒で、非常に単純な君主制賛成論者。「高徳な国家は指導者が新しい政治体系を作り上げ、世界を修正し、神に埋め合わせをするものと、神は期待しておられる」と書き、君主が導く中央集権体制、国家独裁だけが権力の唯一のあり方だというのです。「ロシア革命はロシア史上もっとも恐ろしい大惨事」「君主制の法意識が宗教的な敬虔さや家族という価値観によく調和する」とも主張しています。

こうしたイリインの考え方に、プーチンは強く影響されました。**プーチンは「自由や平等は退廃した欧州が純潔無垢なロシアに押し付けたもの」とし、「それに汚されていないロシアが立ち向かって世界を救済すべき、とも主張します。**

そのためには強烈な君主制、またはそれに代わるものが必要だ、と考えているのです。

プーチンは、スイスで死んだイリインの遺灰をモスクワ・ドンスコイ修道院の墓地に移し、自前で墓を建立。05年10月に盛大な改葬式をおこないました。このころからプーチンは演説でイリインの名前を頻繁に出すようになりました。

米ミシガン州立大学の所蔵だったイリインの著作は、プーチン主導で（カネをオリガルヒに出させて）返還され、いまはモスクワ国立大学の科学図書館にあります。

クリミア併合後には、プーチンはクリミアの知事や市長にイリインの政治エッセイ『我らの課題』を贈呈しました。「ウクライナはロシアの有機体的な一部」と書いてある本で、プーチン自身も講演などでさかんに引用し、皆に読むよう推薦しています。

Q66
100年前の価値観で動いているプーチン。影響を与えている現代の哲学者や思想家は？

――プーチンがウクライナ侵攻をおこなった背景には、ほかの人物からの影響があったのですか？

A　社会学者ドゥーギンの言動にも強く動かされたようです。62年生まれの彼は、08〜14年にモスクワ国立大学哲学・社会学教授。〝プーチンのラスプーチン〟の異名を取り、プーチンとロシア世界財団の思想づくりに貢献してきました。

22年8月20日、彼の娘ダリア・ドゥーギナがモスクワ近郊で車ごと爆殺された事件をご記憶の方もいるでしょう。ほんとうに狙われたのは、父のほうです。プーチンは、ただちに彼女に国の「武勲賞」を与えました。

ドゥーギンもイリインに大きく影響されました。彼はろくに学校に行かず、路上清掃員をしながらレーニン図書館にニセ入館証でもぐりこんだり、KGBのアーカイブに潜入して発禁文献を読みあさったりして、独自の理論を組み立てていったようです。

ロシア革命時代に流行したヨーロッパからアジアまでのユーラシア主義者であるドゥーギンは、02年にユーラシア党を結成、「ロシアは地政学的な戦略に基づいてユーラシア大陸に多極体制を築く外交戦略を取るべき」と政治的にも活動。07年には「プーチンに反対する者はもういない。いるとしたら、彼らは精神病である。プーチンがすべてだ」と言い切りました。この年にドゥーギンは『地政学の基礎』（アスノーヴィ・ゲオポリチキ）を出版しています。

エキセントリックな言動から、14年には研究者1万人以上の署名で大学を追放されてしまいましたが、捨てる神あれば拾う神あり。オリガルヒのマロフェエフが15年に極右インターネットテレビ『ツアーグラード』を設立して、その編集長に取り立てました。

ドゥーギンは、「西側諸国の覇権主義、なかんずくアメリカの戦略的支配と戦うことができるユーラシア・アジア帝国の基礎を理論化して、彼らの価値が我々を支配するのを拒絶しなければならない」使命があるといいます。だから、「アメリカが主導する反自由主義、反民主主義のグローバリズム（のごり押し）」に対し、ロシアと中国が共同で「多極的（マルチポーラ）世界秩序」を構築し「アメリカのグローバリズム支配」を終わらせる必要があるのだ、と主張しています。

ＮＡＴＯが象徴する西側の大西洋主義体制に対抗して新ユーラシア主義を目指すドゥーギンは、「今後もクリミア併合のような小規模な戦闘は続くが、独立国家共同体をロシア側に組み込みつつ、徐々に理想的なユーラシア圏をつくっていこう」と提唱します。

米カーター大統領の国家安全保障問題担当補佐官で元コロンビア大学教授のブレジンスキー（１９２８〜２０１７年）は90年代半ば、「ウクライナ抜きでは、ロシアは帝国になりきれない。しかし、ウクライナが従属してくれたら、ロシアは帝国になれる」と戦略的な予言をしています。この見方からすれば、ドゥーギンのいうユーラシア・ロシア帝国がウクライナを呑み込もうとするのも、必然かもしれません。

実際ドゥーギンは、ずっと前から「ウクライナはロシアに吸収すべき」と唱えており、講演で「ウクライナ人を殺すべき。殺すべき」とまで煽っています。

娘ダリアも父と同じ考えで、殺害１か月前にはウクライナに侵攻すべきとする著書『Ｚ

の本』が出版目前でした。彼女はプリゴジンに雇われてワグネル軍の偽情報サイト「世界統一」の主任編集者となり、「ウクライナがNATOに入れば、消滅するしかない」といっています。父の広報担当のような役割で、よく国内外のメディアに登場していました。

Q67 BRICSやユーラシア構想はプーチンの支えとなるか？

——今後の大問題は、プーチンの特異な思想というかイデオロギーもどきが、どこまで通用していくかですね。どう見ますか？

A

プーチンはソ連崩壊後、マフィアが国家資産や公共資源を盗んで欧米に出ていくのを横目に、自らも資本主義のあらゆる悪行に手を染めました。

マネーロンダリング、海外オフショア会社、実態なきシェルカンパニーを駆使し、従わないマフィアから資産や資源を奪って信頼するオリガルヒに持たせ、そのなかから、善人であれ悪党であれ信頼できる者を——クレプトクラット（盗賊富豪）に仕立て、短期間でクレプトクラシー（国民や国のカネを奪う盗人支配）を構築したのです。

妻はマネーロンダリングの電話番。愛人はオリガルヒ。自分の銀行（たとえばロシア銀行）や自分の企業（たとえばガスプロム）を使って身近な人びとを大富豪にし、その運営監視機関として治安・国防関係者らのシロヴィキを育て、強化しました。

まさに「帝国主義的な君主制」です。その君主プーチンのイデオロギー（もどき）は、すでにお話ししたとおりで、プーチンがトップにいるかぎり続きます。

しかし、プーチンが逃げ帰ったころまで東西ドイツを分岐点として東西陣営が分断されていた冷戦構造に代わって、いまウクライナを分岐点に分断が広がる新・冷戦構造ができつつあります。昔の東側陣営からは東欧やバルト三国が抜け、ウクライナも敵に回し、巨大な穴が空いてしまいました。中国・北朝鮮・インド・中東・アフリカ諸国をつなぐドゥーギンのユーラシア構想が、大きな喪失を埋めることになるでしょうか。

「BRICS《ブリックス》」5か国をご存じでしょう。もともとは米投資銀行ゴールドマン・サックスが2001年に出したレポートで**「巨大な人口と国土をもち、著しい成長をして21世紀の**

世界経済を牽引する」と予測されたブラジル・ロシア・インド・中国のこと。頭文字を並べてＢＲＩＣｓで、投資対象として期待大ともてはやされた造語です。

４か国は09年から首脳会議を開催。10年には**南アフリカを加えてＢＲＩＣＳ**となり、欧米を中心とする先進国主導の国際秩序や外交交渉に対抗するようになりました。

先進国は、Ｇ７サミット（Ｇ８から14年にロシアを排除）で全世界の主要問題を独占した。ＢＲＩＣＳはＧ20（Ｇ８＋ＥＵ＋新興11か国）に入っていても、先進国からは〝その他大勢〟あつかい。――これではたまったもんじゃない、というわけです。

とくに、今後10年ほどでＧＤＰ世界一に躍り出ると見られ、経済・台湾問題などでアメリカと対立する中国、ウクライナ戦争で欧米と対立するロシアは、ＢＲＩＣＳを駆使して自国の利益をとことん追求しようと狙っています。

15年からは加盟国へ融資する新開発銀行や、加盟国の通貨危機を予防するＢＲＩＣＳ・ＣＲＡがスタートし、ＢＲＩＣＳ決済システムも目論《もくろ》まれています。戦後欧米がつくってドル中心で動いてきた金融・経済システム（世界銀行、国際通貨基金ＩＭＦ、銀行間決済システムＳＷＩＦＴなど）に代わるものを構築しようというわけです。
18年にＢＲＩＣＳを合計した人口32・1億人は世界の41・5％、面積は26・7％、名目ＧＤＰは26・2％でした。巨大な潜在力をもつＢＲＩＣＳの経済システムが、今後大きな力を持っていくことは確実です。加盟を目指す新興国も増えています。

プーチンは、このＢＲＩＣＳを、経済ブロックに止《とど》まらず、ＮＡＴＯのような安全保障機構・軍事組織にしたいのではないか。――そんな気がしないでもありません。

その機構に、ロシアが主導する集団安全保障条約ＣＳＴＯ加盟国（ロシア・ベラルーシなど旧ソ連6か国）を組み込む。さらに01年にロシアのユーラシア構想と中国の一帯一路構想をドッキングしてつくられた「上海協力機構」（中国・ロシア・インド・パキスタン・中央アジア諸国の8か国が加盟、モンゴルやイランなどもオブザーバー参加）をつなぎにもってくれば、幅広いユーラシア連合ができる。話は簡単ですが、実際の動きはそう簡単ではないのです。

ドゥーギンのユーラシア構想が実現するかどうかもウクライナ問題と深く関わっていま

す。

Q68 今後ロシアと組む国はあるのか？

――経済・エネルギー・環境などで協調しても、ウクライナであぁも乱暴狼藉《らんぼうろうぜき》を働くプーチンのロシアと軍事的に組むことは、さすがに各国がためらうのでは？

A

22年6月、BRICSオンライン会議でホストを務めた中国の習近平は「（アメリカやNATOが）強さに絶大な信頼を置き、軍事同盟を拡大し、他者の犠牲のもと自国の安全を求めるなら、安全保障に困難がもたらされよう」と経済制裁を批判。

しかし、9月にウズベキスタンで開かれた上海協力機構の首脳会議でプーチンと個別会談した習近平は、かつて〝無制限の友情〟を唱えていたこともあるプーチンの求める軍事支援に終始冷淡でした。貿易や農業分野の協力を強調するだけだったのです。インドのモディ首相も「いまは戦争の時代ではない。民主主義・外交・対話こそ、われわれが平和の道をどのように進むのかを世界に示す手段だ」とプーチンに直接、釘を刺しました。
カザフスタン、タジキスタン、アルメニアなどの態度も空々しく、上海協力機構もギスギスしてきました。CSTO加盟国のうちロシアとベラルーシ以外は別に制裁されているわけではなく、どこも原油や天然ガスが豊富で西側に売る資源があります。中央アジアの国は民族や文化もロシアと異なります。プーチンは相当の孤立感を味わったはずです。

BRICS5か国は、ユーラシア・南米・アフリカの3大陸に分かれ、民族・歴史・言語・文化・宗教もさまざまです。地政学的な隔たりが大きい、中ソ・中印は国境紛争もあった大国だけに貧困や少数民族はじめ難しい国内問題を抱えている、といった事情も考えれば、安全保障分野で共同歩調を取ることは容易ではないでしょう。

仮にも世界のリーダーを目指そうというほどの国であれば、今回のような事態をいつまでも黙認しているわけにはいかないのではないか、とも思います。

Q69

ロシア軍、これからどうする？

――22年夏ウクライナ軍の反転攻勢、9月末ロシアの4州併合をへて冬が迫ると、ロシアはウクライナのインフラを狙うミサイル攻撃を激化。どう見ますか？

A **ロシア人は60歳、70歳と切れ目のよい歳の誕生日に盛大な誕生会をするのが習わし**です。

22年2月24日に始まった**ウクライナ侵攻は、プーチンの70歳の誕生日である10月7日までは続かない、とロシア安保会議は考えて**いました。すでに指摘したように、せいぜい3日ぐらいで終わると考えていたのです。**プーチンの70歳の誕生日は盛大に祝えると信じていました。**

ゼレンスキー大統領が死亡するか、亡命するか、それとも逮捕して裁判にかけるか、さまざまに策を講じていました。すでに述べたように、後釜のウクライナ大統領もほぼ決めていました。ロシアに亡命したヤヌコーヴィチ元大統領でもよいし、ウクライナ大統領府長官を務めたことがある弁護士でオリガルヒのメドヴェドチュクのほうがよいかもしれない。なぜならメドヴェドチュクの娘の名付け親がプーチンだからです。彼はクリミアの国家資産を略奪したとして22年4月、ＳＢＵ（ウクライナ保安庁）に逮捕され、刑務所に入れられていましたが、ロシアは戦場で捕虜にした大勢のウクライナ兵士たちと交換されて、ロシアに温存されているのです。

ところが、首都攻略に失敗したロシア軍は、22年4月にキーウの北から、5月に北東部から撤退を開始。部隊を南部・東部に転じたロシア軍は、3月に占領したヘルソンに続き5月にマリウポリを占領し、7月にルハンスク州を制圧しました。対するウクライナ軍は8～9月に各地で反転攻勢に出ます。

敗戦も経験し、どうやらプーチンの誕生日までも激戦が続く見込みとなったので、誕生日の前月である9月に部分的動員法を制定し、30万人を徴収しようとしたのですが、実際は22万２０８人しか集まりませんでした。今後も補充していくのでしょう。

さらに9月30日、プーチンは、ルハンスク・ドネツク・ザポリージャ・ヘルソンの４州を一方的にロシアへ併合しました。ウクライナ全土の15％、ハンガリーやポルトガル１国に匹敵する広大な領域です。ロシアと地続きのルハンスク・ドネツク両州は「ドンバス地方」と呼ばれ、14年からウクライナと親ロシア勢力が戦う係争地。親ロ派は面積約3割を抑え、ルハンスク・ドネツク両人民共和国を勝手に樹立。これをプーチンが22年2月21日に国家承認しています。

しかし、米欧の武器供与も功を奏し、ウクライナ軍はまずハルキウ州の大半、10月に東部ドネツク州の要衝リマン、11月に南部ヘルソン州の州都ヘルソンを奪還しました。22年12月初旬段階で、併合した4州でロシアが全域を支配するのは、北・東・南でロシアに接するルハンスク州だけ。残り3州は北西側3分の1くらいまでウクライナ側が押し戻しています。プーチンが4州を「永遠にロシアだ」といったにもかかわらず、です。

22年10月7日の**プーチンの誕生日は、**ＣＩＳ（旧ソ連独立国家共同体）の非公式メンバー（バルト3国をのぞき一応12か国、ウクライナも18年まではメンバー）に招集をかけましたが、**あまり集まりませんでした。**ウクライナ侵攻の大きな動機はプーチンの誕生日にあわせて「ロシア帝国を盛大に祝うこと」。**祝う国々が次々と消えてしまった**のです。

70歳の誕生日に、ベラルーシのルカシェンコ大統領からは、庭で使う小型トラクター1台（購入クーポン券）が届き、ウズベキスタンのミルジョエフ大統領からはメロンとスイカがどっさり送られてきました。そして、ロシア内外の人々からは「辞めろ！」「早く消えろ！」というメールがごっそりクレムリンに届いたようです。

一番圧巻だったのは、ウクライナからで10月8日未明の**クリミア大橋の爆破**です。下の道路橋をトラックが走り、その上の鉄道橋をロシア方面からクリミア行きの列車が通り、運んでいた7つの燃料タンクが炎上したのです。FSBに逮捕された8人のうち5人はなぜかロシア人、一人がウクライナ人でした。これは**大きすぎる誕生日プレゼント**でした。

直後に出回ったツイッターには、誰がつくったのか、炎上するクリミア大橋の動画に、マリリン・モンローが「ハッピーバースデー・ミスタープレジデント」とやるせなく歌う姿を重ねていました。すばらしい演出です。

プーチンは激怒したに違いありません。ただちに、残酷さに定評のあるスロヴィキン陸軍大将をウクライナ侵攻の総司令官に任命し、復讐と称して一日に80発以上のミサイルを首都キーウをはじめ、ウクライナ全土に撃ち込み民間人の殺傷を繰り返したのです。とくに主要なインフラストラクチャーを狙いました。

それにもかかわらず、ウクライナ侵攻後の3～11月まで占領していたヘルソン市から、ロシア軍が撤退しなければならなくなったのです。スロヴィキン司令官は古くから付き合いのあるワグネル軍とともにバフムトを攻略し、一矢《いっし》を報いたようです。

ですから当面、両国の交渉は成立しません。といって両国とも〝決定的な勝利〟を手にする見込みなし。結局、消耗戦・疲弊戦が長期化することが、もっともありそうに思われます。プーチンが「併合4州の大部分を制圧して、クリミアへの陸の回廊を確保した」として停戦し、その時点での現状維持を呼びかける場面は、あるかもしれません。

でも、ウクライナは断固拒否し、支援する欧米も受け入れないでしょう。

Q70
プーチンの未来はどうなる？
――ロシアによるウクライナ侵攻は、収束するでしょうか？　そのときを迎えたらロシアとプーチンはどんな状況におかれますか？

A

残酷きわまりない戦争は1年以上も続いています。その間、いくつかの和平への努力はこれまでもありました。和平交渉の可能性も出てきていますが、戦争拡大の蓋《がい》然性《ぜんせい》も考慮しなければなりません。

ウクライナ侵攻がどんな結末を迎えても、プーチンがロシア大統領として存在するかぎり、分岐点ウクライナを境に東西分断は避けられない、と思います。NATOが強化されBRICSが対抗すれば、これが新冷戦構造のかなめとなっていくでしょう。

しかし、**これほどまでにウクライナをはじめ世界を苦しませてしまったプーチンは、引退するか、死ぬか――選択肢は二つに一つしかない、**と私は思います。

プーチンがなんとか生きのびて引退するとしても、ロシアの大衆は離反するでしょう。

プーチンが丹念に、巧妙につくり上げてきたクレプトクラシー（盗人《ぬすっと》支配）の三つどもえはどうなるか。**周囲で群れ支えるオリガルヒ、身内同然のクレプトクラット、忠実なシロヴィキのいずれもが、しだいに離れていくでしょう。**一部ですが、その兆候がもう現れています。

プーチンが死ぬとすれば、病死するか、暗殺されるかでしょう。70歳なので病死することもあります。ウクライナのブダノフ情報総局長は、プーチンの健康状態が悪化しているという「情報を完全に確認している。そのうちの一つがガンである」と、発表しています。また、「血液ガン、極めて重症」と、元KGBのカルピチコフも指摘しています。

元英陸軍参謀総長ダナットの観察では「プーチンの手の甲にM、あるいは数字の3のような黒ずんだ大きなシミがある。これは体のほかの部分にはもう注射が打てないときにしか出ないシミで、パーキンソン病か膵臓《すいぞう》ガンだ」といっています。

ロシアの著名な腫瘍《しゅよう》学的甲状腺の専門医シチェレグトフ親子や甲状腺ガンの第一人者セリヴァノフなどは、数百日もソチの別荘で付きっきりの治療をほどこしたり、耳鼻咽喉科の医師イェサコフも泊りがけで治療してきたのです。それでも彼の寿命は2～3年ということです。

暗殺の試みは、これまでクリミア併合、ウクライナ侵攻の以前から8回もあったそうで、ウクライナ侵攻後も、3回狙われています。22年3月と9月、そして12月23日のニージニ・タギル市のようです。

Q71 今後、ウクライナとロシアはどのような形で対立していくのか？

――「段と「大規模な戦争」（ロシア下院防衛委員長カルタポロフの言）となって、「戦争は終わりの始まり」（ゼレンスキー大統領の言）になっていくのでしょうか？

A

22年12月5日にロシア領土のリャザン州ジャーギレヴォ軍用飛行場（ウクライナ国境から約500キロ、モスクワから約200キロ）とサラトフ州エンゲルス空軍基地（モスクワから約700キロ）がドローンの攻撃を受け、さらに翌6日には二日連続でクルスク州クルスクーカリノ空軍基地（ウクライナ国境から約100キロ）の石油貯蔵庫が爆破されました。

これらはミサイルやドローンでウクライナを攻撃していた基地。高価な爆撃機2機が損傷を受けたので、ほとんどの爆撃機がどこかに移動されてしまいました。これはどう見てもウクライナ領土から撃ち込まれたウクライナ製ドローンの仕業です。ウクライナは航続距離1000キロのドローンの完成にこぎつけていたのです。

ロシア領土のこうした軍事基地からクリミア大橋が爆破された報復に、ロシアは一日80～100発のミサイルを発電所などのライフ・インフラを攻撃したり、TU－95やTU－160の戦略爆撃機（核対応戦略）に使用したりしています。

さらに12月10日、クリミアのジャンコイで新規徴兵のロシア兵舎がドローンによる爆撃を受け、ロシア兵士が数人死亡したようです。クリミアのウクライナ人とクリミア・タタール人のパルチザン（ATESH）が数か所、ミサイルやドローンを飛ばしている地域を攻撃したというのです。ここでもウクライナを攻撃するロシア兵士が準備していた模様。

最前線のウクライナ兵はロシアのミサイルやドローンにさんざん痛みつけられているので、これらは手を出したくなる軍事基地でした。プーチンは驚いたでしょう。
決定的だったのは12月26日、エンゲルス空軍基地をウクライナのドローンが再び攻撃し、その際落下した残骸でロシア兵士３人が死亡したのです。ロシアは直ちにＴＵ－95重爆撃機などを後方の極東に移しました。

こうなるとしばらくロシアとウクライナの死闘は続きます。さらにアメリカ・イギリス・フランス・ドイツの強力な戦車や軽装甲車両がウクライナにもたらされるのに対し、ロシアは慌てたのでしょう。

ロシア軍の劣勢を払拭しようと、プーチンは12月23日、エカテリンブルク近郊のニージニ・タギル市にある戦車製造工場「ウラルワゴンザヴォド」（36年創設）を訪問する予定でした。ほとんどのソ連・ロシア戦車がここで造られてきたのです。
ところが、空港に到着する９分前にニージニ・タギル行きを突然キャンセルし、逆方向のトゥーラに飛び、幾つかの軍機関係の工場を視察。シグノフ設計システム研究所で緊急会議を開き、高度のウォーゲームを展開するための話し合いをおこないました。同時にショイグ国防相をカラシニコフ製造会社へ派遣し、軍事技術の飛躍と早急な生産を指導させました。年末に急遽、兵器工場と兵器システム研究所をめぐり、一段と高度化した生産と戦略を命令して回ったのです。数日後、ニージニ・タギル戦車工場にはメドヴェージェフを派遣しています。

ところで一体、ニージニ・タギルで何があったのか。誰かがプーチンの暗殺をねらったのかもしれません。3日前から道路の除雪をさせ、車両の練習場も中止にし、工場から派遣された5台の車列は空港で乗車人物の下車を禁止されて、そのままUターンして工場に引き返させています。その後ニージニ・タギルのあるスベルドロフスク州の上空は3日間も閉鎖されました。アメリカやイギリスがその上空から十分監視していたことはさまざまなデータからわかりますが、この戦車工場の特別顧問であり、元陸軍総司令官であったA・マスロフ（69歳）が突然23日に死亡したことが関係しているのかもしれません。この最高位の軍人はプーチンのウクライナ侵攻に反対でした。同日、ペテルブルク大手造船所の所長A・ブザコフ（66歳）も突然死しています。彼は潜水艦製造の責任者でした。

この1年でプーチンに反対した政治家や財界人が多く殺されてきましたが、軍人や軍関係者の中にも反プーチン的な見解を持つ人々が広まっているようです。


23年1月11日の防衛産業ワーキンググループで、その議長に任命されたメドヴェージェフは、T－72型のソ連時代の戦車の近代化が西側、とくにアメリカの戦車に遅れをとっていることを認め、ロシア戦車の近代化と増産について緊急を擁すると強調しています。これがマスロフ軍事顧問の死と関係あるのかもしれません。同日、プーチンも軍用機の調達の遅れで防空産業担当副首相マントゥロフを叱責し、生産を急がしています。

劣勢気味のロシアはあらゆる兵器を整備し、迅速に増産し、兵力を拡充して「戦争の終わりの始まり」（ゼレンスキー大統領の言）を迎えようとしています。いわば、ロシアと欧米の兵器のぶつかりあいという高度な近代戦に進んでいくようです。

ゲラシモフ参謀総長が負傷から回復したのか、1月11日にスロヴィキンに代わってウクライナ戦の最高指揮者に就任。ワグネル・グループのプリゴジンやチェチェン特殊部隊長のカドィロフにあからさまな批判を受けていたゲラシモフ元帥がスロヴィキン陸軍大将に代わって指揮をとり、スロヴィキンは降格され、ほかの副官二人とともに指揮官を補佐する役割に回ります。

あまり効果はないですが、プーチンは12月26～27日に非公式CIS首脳会議を開催、メンバーである8か国の首脳にCISのエンブレムと「ス・ノーヴィム・ゴーダム」（新年おめでとう）という言葉が刻み込まれた金の指輪を与えました。ばらばらになり始めたCISの再団結を図り、「さらなる刺激を与えた」（レベジェフ事務局長の言）ということです。

こうしたなか、プーチンは年末ぎりぎりに再びエカテリンブルク空港へ飛んでいます。そこからニージニ・タギルへ再び行き、ウラル山脈の坑道にある別荘へ向かったのです。ロシアのヨーロッパ地域とシベリア地域を分断するウラル山脈は、日本列島と同じくらいの幅と長さ。そのどこかの山中の掩体壕《えんたいごう》（山中をくりぬいた防空壕の豪華な部屋）で、さらに軍事技術をエスカレートした「大規模の戦争」（カルタポロフ下院防衛委員長の言）で、巻き返しをねらう戦略を立てているのか。そこで新年は愛人の元新体操オリンピック金メダリストのアリーナ・カバエワと静かにすごし、疲れた身心と病身をいやしたのか。多分その両方であるに違いないと思われます。

はたしてこうした思惑と動きのなかで、プーチンが生き続けてどこまで残酷きわまりない戦争を続けていけるのか。


ウクライナ侵攻さえなければ、プーチンは人並みはずれて幸せな一生を送ることができたはずです。それなのに、なぜ、**古ぼけた古典を引っ張りだして理論武装し、「戦争ではない。特別軍事作戦だ」と奇妙な言い訳までして、ウクライナを攻めたのか。**

いったい全体どうして、かつて一つの民族とも兄弟とも口にした隣国のインフラを、厳しい冬の到来を狙って破壊し、悲惨きわまりない熱戦を展開し続けるのでしょうか。

プーチンは、せっかく25年もかけて丹念につくり上げたロシアを、1〜2年やそこらで自らつぶしてしまうのか。

そうなるとすれば――なりそうですが、それはロシアの人びとや国や文化などを含めたロシア全体にとって、このうえなく惜しいことです。そして、きわめて悲しいことです。

プーチンが生き続けて、残酷きわまりない戦争をどこまで続けていくのか。そのなりゆきは、いましばらく視座するしかありません。

寺谷弘壬（てらたに・ひろみ）

1937年神戸市生まれ。1960年神戸市外国語大学ロシア語科卒、フルブライト全額支給生として米プリンストン大学大学院社会学部博士課程に学ぶ。

プリンストン大学ロシア研究所研究員、コロンビア大学客員研究員、ネブラスカ大学大学院教授（リンカーンとオマハ）。ソ連にも留学し、ロシア、アメリカ、オーストラリア、韓国の大学などで教える。

日本では青山学院大学（国際社会学）ほかいつくもの大学で教える。

現在、国際比較研究所研究所長、青山学院大名誉教授。

著書に『数字は語るゴルバチョフの失敗』（新潮社）、『ロシアン・マフィア―旧ソ連を乗っ取った略奪者たち―』（文藝春秋）、『暗殺国家ロシア―リトヴィネンコ毒殺とプーチンの野望―』（学研新書）、『ロシア・マフィアが世界を支配するとき』（アスコム）など70数冊。

プーチンは何をしたかったのか？

発行日　2023年4月12日　第1刷

著者　寺谷弘壬

本書プロジェクトチーム

編集統括	柿内尚文
編集担当	高橋克佳、斎藤和佳
構成	坂本衛
編集協力	大川朋子、奥山典幸、嶋屋佐知子（株式会社マーベリック）
デザイン・DTP	菊池崇+櫻井淳志（ドットスタジオ）
カバー表1・表4イラスト	寺谷弘壬
営業統括	丸山敏生
営業推進	増尾友裕、綱脇愛、桐山敦子、相澤いづみ、寺内未来子
販売促進	池田孝一郎、石井耕平、熊切絵理、菊山清佳、山口瑞穂、吉村寿美子、矢橋寛子、遠藤真知子、森田真紀、氏家和佳子
プロモーション	山田美恵、山口朋枝
講演・マネジメント事業	斎藤和佳、志水公美、程 桃香
編集	小林英史、栗田亘、村上芳子、大住兼正、菊地貴広、山田吉之、大西志帆、福田麻衣
メディア開発	池田剛、中山景、中村悟志、長野太介、入江翔子
管理部	八木宏之、早坂裕子、生越こずえ、本間美咲、金井昭彦
マネジメント	坂下毅
発行人	高橋克佳

発行所　株式会社アスコム

〒105-0003
東京都港区西新橋2-23-1　3東洋海事ビル
第2編集部　TEL：03-5425-8223
営　業　局　TEL：03-5425-6626　FAX：03-5425-6770

印刷・製本　株式会社光邦

Printed in Japan ISBN 978-4-7762-1280-5